无界

BORDERLESS

◎吴鸿雁 著

同济大学出版社

策有道，心无界

谨以此书献给从事房地产相关行业的有缘人

住房制度改革，户籍制度改革，SMG 制播分离，文创产业兴起……

当你看到“互联网 +”时，
是否能够意识到，
这不是一个纯粹的名词，
而是一个解构和重构的动名词？

序一

第一次给他人写的书作序，真的感到诚惶诚恐，尤其对于吴鸿雁女士这样的才女而言，我何德何能。虽然我年龄比她大许多、经历可能比她丰富一点，但吴鸿雁女士的文采、她的求知欲，以及她的决绝地向上的升腾、达到光辉顶点的欲望，是我所不及，为此我自感惭愧！

由于工作的需要，我认识了吴鸿雁女士。对事业的追求、对工作的执着、对家庭的热爱，使我们有很多共同的话题，进而成为挚友。吴女士具备了当今改革大潮中所需要的基本特点——创新和跨界。出身广告、踏入地产、主攻策划、转型儿童教育等，通过不同领域的历练，吴女士已然成为文采飞扬、逻辑严密、集天使与魔鬼于一身的温柔小女生。从《金牌文案是怎样炼成的》《阅读大地》，直到《无界》，记录了她纵横地产界的点点滴滴，揭示了她在人生道路上的丝丝缕缕。尤其是这本《无界》，它就像是一部正在拍摄的高品格电影，定格、特写、出画入画、圈入圈出、切入切出、淡入淡出、划入划出、化入化出，等等，手法娴熟，运用自如，看似跳跃，实则连贯。让读者随着她的跳跃而进入她的连贯。

人的一生有很多记忆被锁住，压抑在心底，成为郁结，释放是最好的结果。吴女士一直都是把自己的苦与乐灌注在笔尖。地产三部曲，与纸和笔相依相伴，搀扶着走过了多少孤寂和落寞的日子，也排解了多少剪不断理还乱的愁怀。书中，我可以感受到吴女士自己与自己心灵的对话，不需要解说，只要自己懂得就是。

在《无界》里，吴女士有对自己人生道路的回顾，也有对自己青春若失的慨叹。在她对自己经历的叙述中，我感受到一种对青春流逝的抱恨和遗憾，但同时又是对自己在业界的打拼、对人生的感悟而感到“窃喜”，而我自己，也是因为有同感而与这部作品产生共鸣。

从这部作品的字里行间，我隐约地感受到吴女士对工作的热情、对生活的向往，以及情感上的依恋。我们不能说放下就放下，因为有些经历会影响人的一生。人生的轨迹便是循着那条无法改变自己命运的路在走着。命运并不能掌握在自己的手里，所以我们无奈，我们叹息，以至于我们随着青春之梦的逐渐实现而慢慢老去，直到有一天或许会随我们一起走向另一个世界。但我体会到，吴女士想把她的经历，用文字变成一颗颗沙砾，铺就在历经的生活之路上。沙砾上留下了一串串歪歪扭扭的脚印，那是我们记录在工作、生活、情感日记中最好的印迹。当我们回过头来，会看见那些若隐若现、若即若离的划痕，揭开我们所有的记忆。

读过《无界》，我想告诉读者的是，这是一本“烧脑”的好书。本书将告诉你如何学会发现自己的天然力量和生命的潜能，并使其不加压抑地充分展现和释放出来，同时了解自己的局限，并去突破这种局限；本书中对每一个事件、每一种感悟的叙述，将让你看到别人是如何思考和行事的，感受你与他人的差别；你将能够检查自己理解他人的方法是否正确，以便拥有你所希望的、健康的人际关系。最重要的是，你将知道自己是谁！

读过《无界》，我想对吴女士说的是，当我们年轻的时候，那些深深的脚窝里可能盛满了我们的狂热，盲目的自大和无知的不可一世。当我们从梦中醒来的时候，却发现自己的青春已然不知所往。所能默写的只是“无界”，所能证明自己的只有“无界”。我所感知的，纵然是“无界”，你依然想尽力触及那个“界”，这，就是一种态度。“无界”记录着吴女士的心路历程，“无界”会释放我们的酸辣苦涩。或许书中还有几许梦想，那是我们一生曾经的希冀和期盼。即使我们的梦想已经迈过年轻，但我们依然励志！依然触“界”！！！

张雁

现任上海经纬建筑规划设计研究院股份有限公司城乡规划总院常务副院长

原上海市城市规划设计研究院交通所所长、科技处处长

序二

（一）

在人类的历史上，也许没有任何一个时代能够像中国过去的 20 年，所有的人都对房地产如此地爱，同时又如此地恨。这种爱恨交加的复杂情感，已经超越了地域，跨越了职业和阶层，乃至突破了个体的人格和价值观！

诸多自由经济学家把房地产的繁荣看成一场灾难！因为它把有房的人变成房奴，从而使之失去了自由择业和创业的勇气；而把没有房的人驱离这个城市，从而使这个城市的人力资源不断流失，短期的活力和长期的竞争优势随之下降。而对于企业来说，高涨的房价大大抬高了劳动力成本和办公成本，从而逼迫企业搬迁到另一个城市，乃至另外一个国家。而在宏观层面，高房价“逼迫”居民扩大对住房的消费，吞掉了居民收入中的大部分份额，从而大大降低了对其他消费品（如餐饮、着装、汽车、电子产品、休闲、旅游）的消费能力，进而导致其他行业面临“需求不足”的严重情形，衰退和萧条随之而来。于是，这些行业中的企业在困境中逐渐找到了新的出路，那就是也进军房地产。

无论这些经济学家的话说得多么入木三分，却挡不住中国人购房的热情。炒完市中心炒郊区，炒完郊区炒郊县，限购导致郊县也不能炒的时候，那就炒“郊城”。炒海滩，炒气候，炒景点，炒新的行政中心，炒任何一个可能的新概念。从 21 世纪初自发组成的温州炒房团，到如今有组织的“专业”炒房团，再到诸多分享炒房信息的微信群，对房地产的热情永远堪比夏日的三伏。

无怪乎有很多人把房地产比作青楼女子！白天，很多人道貌岸然地骂这些特殊职业的存在，是多么地败坏道德、腐蚀社会、扰乱家庭，简直罪不可赦。可是，夜幕降临，有可能正是这些白天骂得最凶的人，成为这个特殊场所的贵宾。这就是爱恨交加！

（二）

然而，我们不能把房地产的某个经济指标（如房价）看成房地产本身，当然更不能把这个经济指标所导致的经济后果看成是房地产的“原罪”。房地产就其本身来说，它就是房子，是人们基本的生产资料和生活资料。具体来说，非住宅项目为人们提供了基本的生产场所和空间；而住宅，为人们提供了居住的场所，为人类的基本家庭交流和人际交流提供了空间，同时，也为人们提供了精神层面的归属地。正是在这个意义上，德国的哲学家、20 世纪杰出的思想家海德格尔提出“诗意地栖息在这片大地上”！

从词源学的角度来讲，“栖息”的字面意思是“居住”，但是它的内涵实际上超越了居住。居住作为一个动词，具有很明确的施动者（人）和受动者（场所），换言之，具有明显的“主体－客体”之分。然而，“栖息”却强调了人和居住地之间的互动关系和归属关系。一方面，“栖息”表明了人居住在大地上，人是动作的发出者，大地是承受的对象；另一方面，更重要的是，“栖息”表明了人的生存离不开大地，与其说人类主动地对大地施加影响，倒不如说人类本属于大地，离不开大地，所以不得不回到大地，偎依在大地上。海德格尔对凡·高的作品《鞋》的评论清晰地展示了这层归属与亲密的“栖居”关系：

> 从鞋具磨损的内部那黑洞洞的敞口中，凝聚着劳动步履的艰辛。这硬邦邦、沉甸甸的破旧农鞋里，聚积着那双寒风陡峭中迈动在一望无际的永远单调的田垄上的步履的坚韧和滞缓。皮制农鞋上粘着湿润而肥沃的泥土。暮色降临，这双鞋在田野小径上踽踽而行。在这鞋具里，回响着大地无声的召唤，显示着大地对成熟的谷物的宁静的馈赠，表征着大地冬闲的荒芜田野里朦胧的冬眠。这器具浸透着对面包的稳靠性的无怨无艾的焦虑，以及那战胜了贫困的无言的喜悦，……

动物学中有个基本的名词叫“两栖动物”，能够告诉我们栖息究竟是何意。

两栖动物，就是既能够在陆地上生活，也能在水中自由地存活，比如青蛙。换言之，无论在水中还是陆地上，这种动物都觉得是回到了自己的家一样自由自在。人的生活离不开水，很多人还能在水里自由自在地游泳，但人类是两栖动物吗？当然不是！因为人不能在水中进行基本的生存活动。人类可以在水上航行、建桥、盖楼，甚至建设城市（如威尼斯），然而在本质上都不是生活在水中，相反，是通过船体或钢筋混凝土的基础使人和水隔离，从而创造出一片新的陆地。

所以，人是“单栖动物”，是只能“栖息”在大地上的“单栖动物”！人只有在大地上，才能犹如鱼儿在水中一样自由自在。大地对于人类的意义，犹如水对于鱼儿的意义，这就是“栖息”。

（三）

我们很清楚地知道住宅对每一个人生活的“功用”，也很深地知道如果没有这个基本的生活资料，会对我们的生活造成诸多影响。我们的爱人、父母、孩子，以及其他社会关系，包括事业和生活，都会受到很大的冲击。然而，当住宅跨越了“功用”的时候，我们会突然发现，一套房子不只是一张床、一个客厅和一个卫生间，也不只是父母的忙碌、孩子的欢笑，以及爱人之间的甜蜜，它还代表着人们和大地之间最基本的纽带，因为它为我们提供了生命的归属——“栖息地”。

当住宅超越纯粹的功用而进入“栖息”层面的时候，“诗意”也就油然而生了。虽然诗给人的感觉似乎是“不食人间烟火”，它描述的又往往是“超越了人间烟火”后更深沉的、更真实的、更细微的人的情感。这也正是“诗”作为一种重要艺术形式而存在的理由。正如海德格尔指出的那样：器物一旦被艺术的框架框起来，就会显示出与平日普通用途不同的意境。画中的鞋昭示了田野大地的呼唤，在农夫的世界得到保护。因此它已由普通功用的鞋变为能展示无尽诗意的艺术品了。

（四）

《无界》这本书，要揭示的正是“栖居”中的“诗意”！

本书的作者，虽然其曾经的职业是房地产策划人和文案撰写人，但是从她做房地产策划人和文案撰写人的那一天起，早已超越了这个职业，因为她同时是一个走万里路的旅行者，一个品尽酸甜苦辣的生活体悟者，一个曾经沧海难为水的思想上的得道者（关于这一点，可以参见她的另外一部作品《阅读大地》）。

认识吴鸿雁，是 2003 年 5 月，当时我在复旦大学经济学院读博士，因为我们同时参与一个房地产项目的前期策划而有幸认识。虽然我们同为房地产项目的策划，但各自负责的工作却截然不同。我负责投资回报的估算和项目的定价，而她负责营销策略的确定和营销文案的撰写。我们两个人的专业领域截然不同，在项目中的交集也不多。然而，她却成了我的朋友，并且是最好的朋友之一。究其原因，源于我对她所达到的思想境界的赞赏和尊重！

作为房地产策划领域和房地产文案的资深人士，吴鸿雁对事业的投入是留给我的第一印象。她可以为了一个策划稿彻夜不眠，可以为了一个方案和自己的团队彻夜讨论，可以为了一个悬而未决的问题在深夜来回奔走，甚至可以喝掉数杯红酒。这些表面看来似乎有些纵情任性，实则为房地产策划和文案付出她全部的身心。既然策划和文案属于精神层面，也许只有将自己的身心全部投入，才能和高质量的策划和优美的文案相通达。时至今日，她的这个精神一直保留着。这也是她在作品上高产的原因。

不断地走万里路，品味自然，是吴鸿雁留给我的第二印象。实际上，走万里路的大有人在，然而能够做到品味自然的，却并不多。美丽的湖泊、广袤的沙漠，固然能够唤起人们心中最真实的美感，并且这种美感也可能久久不能忘怀。但是，对于没有知识储备和沉淀的人来说，这种美感并不深刻，因为它没有经过品味，也没有经过精神层面的加工。品味自然需要什么？需要诸如历史、地理、社会学、民族学等方面知识的积累，才能和眼前的美景在瞬间建立起关联，从而融合成深刻的精神体验。品味自然会带来什么？会带来精神层面的积淀，从而为精神层面的创新准备条件。这一点吴鸿雁做到了，在《无界》这本书中，处处可以看到她的知识储备以及她品味自然所得到的精神沉淀。如果将来她能够成为一名教师，将会是一名特别出色的传授者。

对生活不断地进行“阅读”，是她留给我的第三印象。在我的朋友中，很少有像吴鸿雁那样，生活上经历过如此频繁、如此不可预测的变动。她的生活虽然称不上大起大落、天翻地覆，却不断经历着场景的变化。很多人可能会因为生活的不断波动而筋疲力尽，无力再去思考。然而，吴鸿雁在这个过程中却具有惊人的韧性，并表现出超凡的生活智慧。更为重要的是，她把这些波动的生活，变成了生命乐章上的音符。她的心绪将生活中的真实、荒诞、魔幻都一一 记录下来，并赋予了它们独特的音高、音长和音质。《无界》这本书里，处处可以看到生活的音符在她生命的画布上翩翩起舞。

（五）

我从复旦博士毕业后到华东师范大学工作，一晃已将十数载。我主讲的课程是投资学、房地产金融和房地产资产评估。整日和经济指标、经济理论和数字打交道。在我的研究领域中，房地产是一种商品，也是一种投资工具，是和股票、基金、黄金、债券并列的金融资产。如果有人说“关涛的课堂中，论文中，谈话中，乃至关涛的眼中，只有一个个跳动的数字”，这话并不假。然而，我眼中只有数字，并不代表我的心中也只有数字。从事了多年的房地产研究，虽然一直沉浸在各种理论问题中，但从来没有放弃过研究房地产的“初心”。这个“初心”就是，如何让人们能够诗意地栖居在这片大地上。

《无界》是一部房地产策划人的传记。讲述了一个房地产策划人是如何困顿、挣扎、徘徊、顿悟的；讲述了一个房地产文案人是如何走过浮华，还原事件真相的；讲述了一个房地产的思考者如何在家庭、事业、个人发展中寻找平衡，最终完成自我救赎的。这不仅仅对于从事房地产的业内人士，对于广告营销领域的业内人士，都有重要的启示意义。

《无界》是一部中国房地产业发展的史诗。它翔实地记录了中国房地产的发展史，记录了中国房地产业是如何从贴身的朴素的衣服变成沾满了“铜臭”的华丽蟒袍，也记录了这件华丽的蟒袍是如何在各方博弈和撕扯中不断掉色、撕裂。而最终，经过华庭盛宴，这件华丽蟒袍或被有识之士收藏进衣柜从而回归贴身小棉袄，又或继续被炫富的人挂在门口，变得中看不中用。清者自清，浊者自浊！也可以说，在攀比者眼里，处处是鳞次栉比；而在智者眼里，处处都是泥土的芬芳。

《无界》是一扇通往住宅的诗意层面的窗口。它清晰地展示了当住宅跨越了单纯的功用的时候，留给人们的是什么？不再是尘世的喧嚣、畏惧和狂躁，而是面对大自然的宁静、踏实和谦卑。就像在外面游荡了多年的孩子，回到母亲身边，投入怀抱时的满足；就像在此岸世界徘徊多年的修道者，突然借助佛法度过彼岸时的“大欢喜”！

最后，我想再重复一下我想表达的东西：当住宅仅仅被理解为一套房子时，也就是当它仅仅被看成一个“器物”的时候，它的价值、功用都是“有界”的。但是，一旦突破了它的功用属性，进入“栖居”层面，从而发现人与大地的关联时，它的每一个瓦片、每一片墙纸、每一个门把手，每一处细节都是诗句，它的整体就成了诗篇！此时，它就进入了“无界”的状态！按照我的理解，这大概就是这本书之所以叫“无界”的缘由，也是这本书的主旨吧。

关涛

复旦大学经济学博士、博士后

华东师范大学工商管理学院 副教授

美国印第安纳大学 Kelley 商学院访问学者

美国 Colorado 大学商学院访问学者

2018 年 7 月 3 日

前 言

林深雾起不见鹿，海蓝风平又见鲸。

每一本书的诞生，都是因缘和合而成。《无界》自选题至付梓，历时近七年。报选题时正值“十八大”前夕，当时，房地产行业正面临洗牌。用经济类文章的官方措辞，叫“改革进入深水区”。坚守品质的，断在资金链；追逐利润的，口碑出问题……整个房地产行业犹如逐鹿的猎手，林深雾起不见鹿。

经年之后我才明白，那些有心而为之的营销、博弈，对外保密的数据、工程节点，的确在一段时间周期内表现为经济效益和口碑。若以更长周期观待，营销的“术”，终究会被时间漂尽浮华。

不日前，自地中海小城，经荷兰阿姆斯特丹，向东回溯。携风带雨，披星戴月。恰好在倒时差的当口，完整地听了“第二届‘一带一路’国际合作高峰论坛”报告。边听边思，深省这部于碎片时间里集腋成裘的《无界》，哑然失笑。七年前所成之书稿，自赞毁他，好名之心凿凿。

“互联互通”“加强政策对接”“推动绿色和可持续发展”等议题，从人类命运共同体视角的大流域规划，于“一带一路”议题之下，舍小径而取大道，亦令我对于房子、家和家园的久久苦思与上下求索，忽如静极而动，决河入海。

夜读《传习录》，孟源贪慕虚名，王阳明批评他在内心种植“虚名”这棵大树，“虚名日盛，良知日暗”。“闻誉而喜，闻毁忧郁”即是病。王阳明曰：“为学大病在好名。”

回顾人生上半场，海蓝风平又见鲸。原来，人生的上半场是为“得”而逐求，下半场则为“舍”而放手。镜里乾坤，在一锤之间，碎为微尘。

吴鸿雁

2019 年 5 月 9 日

目　录

写在人生边上

每一本书的诞生，都是因缘和合而成。

2012 年 8 月，我被派驻青岛工作，负责青岛远洋的“远洋公馆”和“远洋风景”两个项目。

虽然，经过长时间的职业熏陶，对每座城市的共性已经有所把握，在大多数城市发展过程中，都采用“老城保护 + 新城开发”的双引擎模式，但每座城市自身的人文、地理以及产业结构并不相同。需要精准把握区域差异，对于我一个外乡人来说是有一定难度的。

那段时间，我经常去良友书坊，这家书坊的隔壁就是青岛邮电博物馆，一出门便能看到青岛日报社的招牌，步行五分钟，就到了青岛城市明信片封面上的栈桥，这样特殊的地理位置和人文关照，为我了解这座美丽的滨海城市打开了一扇窗。

良友书坊里常常能找到记录这座城市文化脉络的书籍、图片以及明信片等。当我把《金牌文案是怎样炼成的》请良友书坊的臧杰老师（现任青岛文学馆馆长）过目的时候，臧老师说："没想到同济大学出版社也开始出版这类书籍了。"

确实，《金牌文案是怎样炼成的》并没有谈论土木工程类的课题，也不是严格意义上的论文，而是偏向于实操的一点经验总结。出版时的心意，是希望那些毕业于类似同济这样的工科院校的文科生能够更快地进入工作岗位，毕竟房地产广告文案这个在实际工作中有着广泛就业空间的职业，在理论界缺乏指导性出版物。

《金牌文案是怎样炼成的》一书上市后，未做宣传而迅速售罄的销售成果，有点令我欣喜。这有点像一个楼盘，最初无论你如何做客户分析和精准的客户定位，总会有出乎意料的客户来源。

我原以为该书的读者会是矢志从事房地产领域的人们，而在读者来信中有一个却是高中三年级的学生，说看了我的书后，坚定了她想要考复旦大学的意愿；另有一个猎头把这本书给了他们公司的创始人，公司创始人何总后来亲自见了我；据说还有将此书作为地产领域某猎头公司的培训材料。这些反馈，对于我以一个作者的身份去理解《长尾理论》所谈论到的现象，有非常深切的意义。

2013年以后，随着我职业生涯的变动和对营销思考的深入，《长尾理论》《黑天鹅》《无价》这类书籍开始进入我的书单，我也从中了解到，客户定位和客户描摹，甚至价格策略常常是一厢情愿。我自己做策划又居住过的一个项目是位于闵行区的“都市富苑”。直到我住进去之后，再回顾取得五证（国有土地使用证、建设用地规划许可证、建设工程规划许可证、建设工程施工许可证、商品房预售许可证）前后，当时的策划报告、媒体策略、文案之类，都太过浅薄。生活教会我们的远远大于在任何报告中所设想的。报告的逻辑可以无懈可击，而我也曾无比追求和执着于完美，但落到执行层面，就完全是另外一回事了。

美国社会心理学家费斯汀格（Festinger）有一个很出名的判断，人们称之为“费斯汀格法则”，即生活中的10%是由发生在你身上的事情组成，而另外的90%则是由你对所发生的事情如何反应所决定。换言之，生活中有10%的事情是我们无法掌控的，而另外的90%却是我们能掌控的。你应该用90%可控性，解决生活中10%的意外。

这时候，不同的人，处理不同的偶然性、小概率事件，所产生的结果判若天渊。

在本书一些篇章中谈到我于工作中对一些偶发性事件的处理导致事件的转向性变化。有些重要会议的关键性转折点（keypoint），甚至连与会人员都没有意识到（不同的头脑关注不同的事件，如同不同的装置能接受不同波长的波），却扭转了局面。

这些话题，如果陷入是否可求证以及是否具有可重复性的争论就偏离本意了。弗洛伊德的《梦的解析》至今被争论不休，因为梦不可重复。而弗洛伊德本人对梦的解析方式，有他的主观性。

已经发生的，已经发生了；已经发生的，就是必然发生的。至于对事件的归因和解释，见仁见智。个人的经历和知见，既不具备学院派获取大数据的条件，也不刻意根据学院派范式来构建其结构上的经典性、普世性。本书涉及的案例和反思，既不为了彪炳个人经验的正确，也无意于陷入争论。

才华是一柄倚天剑，若仗剑天涯，也要小心被剑气所伤。

我在中经堂担任品牌总监期间，组织过一次新闻发布会。那是一个很平常的工作日，总裁办通知我说世界道教协会在国内举办会议，有一位日本道长来中国参加大会之后，希望来中经堂向一些中医名家请教他家藏的一些中医典籍。因为这些书是被祖父封存的，日本福岛核辐射事件后，才被后人想起来翻看。原因是在日本开设的一些养身机构，有的临近辐射区，长期锻炼的人在恢复体能方面表现出一些特殊的抗风险能力。所以道长才想起来，也许这些家传的健身方法并不仅仅是一些体式，有可能还有更深的内容。但由于日本境内并没有人能真正读懂这些书，道长希望这些书能在中国找到专家解读。

这个事件，在我心目中立刻唤醒小时候看过的武侠小说中常常说到的“招式”和“心法”。我好像在《金牌文案是怎样炼成的》里面谈到过，我中学时代的课外读物，不是琼瑶的言情小说，而是读着金庸、古龙和梁羽生的武侠小说长大的。再加上我做过上海某高级瑜伽会所的合伙人，当时瑜伽馆的教练有的是从体校毕业的，他们考出瑜伽教练证非常容易。但是我遇到过的一个教练却是曾经在印度学习瑜伽。作为投资人，我非常清楚，这两类教练在教授体式方面的差异，外行是看不出来的，但是在教学特点上，后者更注重体会学员身体的承受力、心志的敏感度，也会把课程带得更深入。所有这些经历是我的个人背景，这种背景不可复制，所以这天我向总裁办提出，这件事情意义重大，我认为中经堂提出“光复国医、健康国人”，中医的复兴，在这件事情上，有一个很好的新闻点。

中医在中国经历过三次重大的创伤，其中一次就是新文化运动。而新文化运动中，鲁迅《药》之类的文章，进入了我们的中学课本。事实上，鲁迅的父亲确实为庸医所累。不仅治疗不力，而且还提出要以“原配蟋蟀为药引子”。但这也是当时国家内忧外患在个人身上的一种爆发。鲁迅去日本留学，一开始学西医，而后弃医从文。大概每一个写中国字的人，都在语文课本里了解过这些。但是现在一个日本道长在请教“国医”，这个事件，如果对新闻点不敏感的人，就会当成老板指派的接待任务。但是我素日对中西医思考深入，又略读了些《伤寒论》《养生经》，之前还为保健品、药品做过广告文案，此时我的脑海中引发了一系列思考。

一个人的一场头脑风暴，在大约 3 个小时后，开了一场新闻发布会，《解放日报》《新民晚报》《新闻晨报》、东方卫视等主流媒体全部到场。老板关翠微女士对这件事情很赞赏，我当时新入职不久，却并没有仔细想过，其实这件事情在公司原先的架构下，是要统筹媒介部、广告部、公关部三个部门协同完成的。换言之，原本在三个部门之间发生的制衡和权利博弈，被一个突发性事件改变了局面。

东方卫视的采访镜头的确比企业花钱做宣传片更有公信力，直到 2016 年春节前，我又一次在中经堂门店，看到接待区的电视宣传片还在用那时候采编的画面。虽然，公司本来就有影视制作部，但有了带着东方卫视 Logo 的话筒和记者采访的镜头，却远好过企业自己拍某养生专家的自卖自夸。

我硕士学位的专业是经济新闻，但是在我论文答辩前夕，向中经堂广告部副总请假去做开题报告，却受到了阻挠和为难。我多年打理工作室，独当一面，甚至为了催账讨钱也有过提着睡袋，扔到欠款的客户家门前，直接把钱追回来的经历。工地也是自己去跑，策划报告是边走边打腹稿，没有人可以被我差遣查找各种基础资料和数据，头脑风暴常常是自己与自己的一场博弈。因此，我不怎么喜欢参加漫无边际的“扯皮会”，瓜壳果皮一大堆，效率低下，每每令我昏聩。

正因为我做事麻利，全然不像大公司养着的职业经理人那么娇贵又不接地气，“短、平、快”的构思和出手，令老板大为赞赏，关总收到报告，给予我充分支持，所有请款和审批流程都是特批。

后来，回过头看，记者应该是公关部请，短片应该是影视部做，每一项开支都要提前报备。新闻发布会之前，我所在部门的媒介经理，正紧锣密鼓地筹备邀请各路媒体记者开一场招待会。公司最高决策者当然清楚媒体圈的潜规则，招待会无非是吃喝送请，然后无关痛痒地发一通新闻稿。由于媒介经理报批的各种媒介组合所产生的宣传费用都远远大于我开这场新闻发布会的支出，其公信力又不足，一直没有获准。一份报告，动了好几个人的奶酪。

新闻敏感又称“新闻嗅觉”“新闻鼻”，是指新闻工作者发现和判断有价值新闻的能力，是一种综合素质。新闻敏感还要具有语言敏感、政治敏感，在工作中不拘泥于故有的思维模式和工作思路，能十分迅速地捕捉事物正在或即将发生的最新变化，也能从纷繁复杂的事物中判断出有传播价值的变化。

在美国大片里的女一号不少是新闻记者。能拍照，能吃苦，能跑，还能写报道，第一时间把事件公之于众，在“沉默的大多数”面前，女记者往往如独角兽般地存在，追踪真相，甚至引导事件转向。所以，女记者容易遇见“超人”和“蜘蛛侠”。

在中经堂工作的时候，我构想的地产三部曲之一的《金牌文案是怎样炼成的》已接近完成。至少思考的深度已经到了，多年在行业内写新闻通稿、开记者招待会，并且在华映传媒做过策展，其中包括中国第一届地产大会和中国第一届地产企业品牌联盟，虽然我所做的工作只是电视媒体中的一个环节，但是对于电视、电台、平面媒体的各种特点，从理论基础到实践经验都已经夯实。

新闻发布会召开这天，是 7·23 动车事件后不久，各大媒体跑卫生新闻这条线的记者正赶去上海交通大学附属新华医院等候幸存者小依依转院到上海。新闻工作可以用来调度人力资源的时间短，突发性和偶发性事件多。开一个成功的发布会本身就已经不容易，而事后还有发新闻稿等许多工作要协调处理。这时候恰巧又是我硕士论文开题的关键时期。所以我经常面临同时处理多项任务的高压状况。就好比别人的电路是串联形式，我的是并联形式。电压尤其高，一碰就炸。

2016 年 3 月 31 日，世界著名女建筑师扎哈·哈迪德（Zaha Hadid）于美国迈阿密病逝，这位解构主义大师为人们津津乐道的并不仅仅是她的建筑，还有她乖戾暴躁的性格。我非常清楚地知道，同时在多维空间穿梭的思考中，面对人们反复纠缠的世俗和金钱，计划往往是无暇顾及的，这些世人眼中所谓的“高冷”或“乖张”，只是思考和工作中的一个“境”。“境”中人与世界沟通的方式，有时是图纸，有时是文字，有时是一件手工作品。以性格的符号化标签来给这些“境”中人评判，是禅中说禅，妄中生妄。

当时因为我的孩子只有八个月，论文答辩又是所有事项中最紧要的因素，我对于这种心知肚明的权力争斗退兵三百里。而后，主动向总裁提交了辞职报告。

“青山遮不住，毕竟东流去”，我的辞职报告在总裁办放了一个星期。这是给我思考和撤回的考虑周期。对于企业文化和当时的自身条件，以及个人的优势领域等各方面综合因素考虑了一番之后，我正式离职。

不久前在微信上看到一篇题为“狼性文化的‘恶果’与企业的没落”的文章，主要是以索尼（SONY）帝国的没落，探讨了关于狼性文化下，对“绩效主义”的反思。中国在经历30年快速发展之后，将进入一个反思周期，这时候，粗放的经营方式将从“假大空”转化为更为精细的“小而美”，就像食物链中狮狼虎豹猎食之后的大草原，重新恢复宁静，牛类反刍，羊群徜徉。《动物世界》经常用快放的镜头阐述自然界周而复始的繁衍生息，最后由微生物来清理自然界产生的各种残余，自然界能量的迭代方式远比人类自以为设计精妙的商业模式更富远见和慈爱。

对于紧急事件的处理能力，国人称为“急中生智”。“司马光砸缸”是典型的急中生智。但“忙中出错”和“急中生智”的人，在非紧急情况的时候是比较难判断的，甚至，那些平日工作特别忙、特别卖力表现的人，很容易“忙中出错”。

所谓“鹰立如睡，虎行似病”，我在开启大连公司负责中信项目时，是被人打小报告最多的，原因大概就是我会在上班的时间跑去海边，但事实上，该出稿子的时候我一定出得来。

当时我也会被老板提醒：“怎么别人忙得四脚朝天，你却跑去海边发呆？”直到有一次坐在西班牙海边长凳上发呆，看到精美的马赛克拼贴出神。才明白“空”与智慧互为表里，“静”与静谧唇齿相依。

西班牙小镇上大部分人在下午2点至5点，不是在海边晒太阳，就是在咖啡馆晒太阳，这使我忽然领悟了“空”这个字。如果说用“辟谷”的方式可以让常年工作的肠胃有一个修养过程，那么让头脑放空的过程就是“发呆”。

在海边，常常有人待在那里什么也不想，任海浪拍打岸边，在潮起潮落间，让头脑完全放空和消磁，这才是对于长期从事脑力的工作者最重要的一种休息方式。冥想与禅修在西方极为流行，西方心理学家认为，五分钟冥想等于熟睡一小时。现今，我们被“财务自由”的概念

误导，认为只要财务自由就赢得了人生自由，事实上，如果心没有受过训练，哪怕身处非常自由的环境，心也是得不到自由的。

我们从小背书，还看过很多先贤悬梁刺股、囊萤映雪的励志故事，也知道司马光在马上、厕上和枕上勤奋看书。但我们很少被告知另一种学习方法——“且放白鹿青崖间，须行即骑访名山。”人们常学李白的诗句，却学不来他的旷达——“人生在世不称意，明朝散发弄扁舟。”

我们为了让孩子好好读书，说其一不说其二，孩子们也死命啃书本、吊书袋，把那些看来的书都堵在脑子里。在从阿里坎特去往巴塞罗那的火车上，我邂逅了一个英国大学生，笑容腼腆，帮我拿行李，后来知道我不会西班牙语，又在火车站帮我打车，把我送到酒店，等我 Check in 之后，他才离开。我忽然很想说，我们从小学雷锋扶老奶奶过马路，后来被相声段子手说笑，说有个老奶奶一下午被反复搀扶过马路。任何事，只知其一不知其二，只循其表不究其竟，到后来都是邯郸学步。就在这个英国小伙子和我同行的路上，我得知他也只是第二次到西班牙旅行，西班牙除了巴塞罗那和马德里，大多数地方的人讲西班牙语，用英语问路是一件很有挫败感的事。我问他：“你是怎么学西班牙语的呢？”他说：“你只要快乐就可以同时学会很多东西。”

快乐的时候，你用 100% 的感受去感受，用 100% 的精力去思考，用 100% 的热忱去表达，你一个人就可以像一支队伍。快乐的时候，恐惧和焦虑就像被阳光照退的黑暗，因为不恐惧，不犹豫，你的直觉才是最好的，祖先留在基因里的生命动力会鼓舞你向前探索，突破关口。很多人在长时间的技能训练之后，都可以达到“优秀”的程度，但是要到达“卓越”这一层，就离不开天赋。

关于“急中生智”，忽然有一点想拿来分享：前不久一个年轻女孩酒店遇袭事件，在国内外迅速传播，身处异国的我，虽然仅仅隔着手机，都能感受到这一恶性事件对于国人，尤其是年轻女孩以及她们的父母的心理上会蒙上一层阴影。于是，各种防暴手段也同时传播开来，比如，怎样打破玻璃引起注意，等等。迅速浏览这些帖子后，让我想起大学三年级时，在焦点广告公司做兼职文案，一次被误锁办公室的自救事件。要不是受最近这个突发事件的影响，我可能早就忘了这件事。现在拿来分享一下，是想说明，人生总有很多意外境遇，临危时的乱与不乱，事情处理得巧妙与否，与个人天赋、气质、当时的心理状态以及看待困境的态度大有关系。

那次，我在公司赶写方案，下班后，同事们陆续离开办公室，没有人注意到我还在加班。我做完方案，才想起第二天一早有考试，必须得赶回学校。学校的熄灯时间是晚上十一点，我一般是卡着点回去，在彻夜亮灯的厕所门口摆个小桌子看书。

我匆忙带了门出来，才发现外面的大门已经锁上了。我被关在了大门和办公室门之间一个很小的空间里，这里利用过道做了一块景墙和灯光。

我坐在地上发呆，身边唯一的通信工具是一台数字寻呼机，只能 Call in 不能 Call out。景墙前面有白色的枯枝，地上铺着鹅卵石。我忽然想起楼下有门卫。我开始往楼下扔石头，石头落入寂静的通道，声音不大，门卫一开始并没有听见。我继续往下扔石头，有几颗掉到了公寓入口的管道上，我至今不知道那些是什么管道，有这么大半径，为什么不是在地下而是在地上。但是石头打在这些管道上，在寂静的午夜里，发出很大的声音，门卫不久就出来维持秩序了。一个穿着干净的大三女生很快解释清楚了自己被锁在办公室过道的情况。焦点广告公司分为广告公司和销售公司，门卫说销售公司总经理其实就住在楼上，这对于我一个兼职文案肯定是不知道的，我也没时间去了解工作之外的事情，我始终认为，工作时间也就几个小时是高度有效的。我虽然兼职，但是老板却能发给我比全职文案更高的薪水，还把自己的办公室留给我加班，只能说明我工作效率高，做事情扎实。这天的问题很快解决了，第二天的考试一点儿没耽误，但是这件事情，我当年只能一个人在过道里偷着担忧，又偷着乐。看到微信上“如果遇到陌生人强行拖拽，该如何有效呼救！”的帖子，我忽然想把这段经历分享出来。人生不免有意外，10%的意外发生了，你如何使用智慧并有创造力地去改善局面，对另外90%进行控场，这其实是一场心智的马拉松。

焦点广告公司创始人徐总是华东师范大学哲学硕士毕业，仅这一点，在当时中国的广告界可谓凤毛麟角。如今，焦点广告公司已是中国排名非常靠前的本土广告公司。

无论什么时代，专注工作的人，总会有闪光的时候。近年来，关注到文化创意产业的大军中，有一类静默的匠人开始被媒体关注和报道。事实上，工匠精神需要恒常的专注和耐心，匠人不是一朝一夕培养出

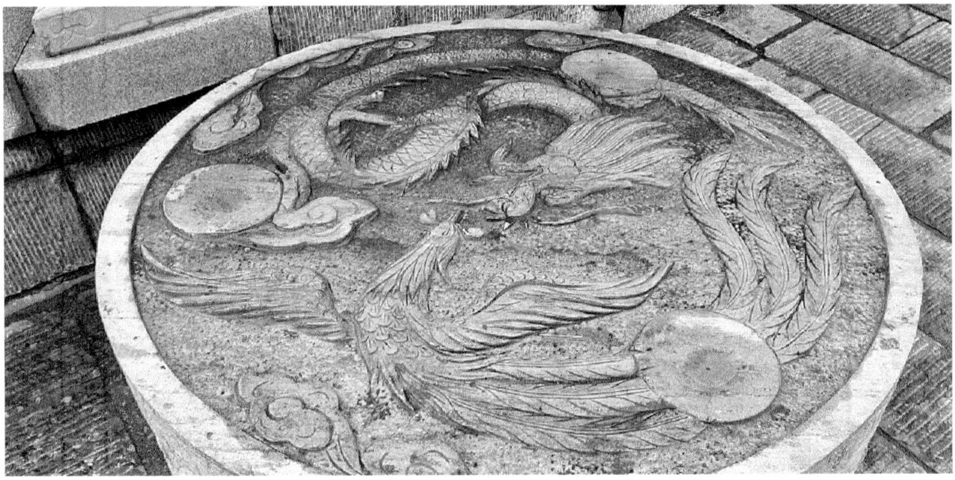

来的。以前给匠人计算薪水，用的方式叫“几个工”。在一些古老的寺院和故居，常常看到被拆除的老料，时光荏苒，仍旧不掩当年匠人留在石头或木头上的精妙构思。

但我多年来所从事的房地产、广告、媒体、新闻都是要求“快”的。你必须头脑反应比别人快，接口反驳比别人快，文章出手比别人快，稿子出街比别人快，提出品牌主张比别人快，市场占位比别人快，房源去化比别人快……总之，大多数情况下，广告、营销、新闻，就是从别人的“强弩之末”找到突破口。

有时候，看上去市场份额已经被完全分割完毕，各种媒体封杀之下，项目或产品似四面楚歌，毫无遁逃之处，头脑风暴往往陷入僵局。但我们还是要去找突破口，有时候是向上突围，有时候是向下挖洞。由一个哲学专业的老板带领一群天马行空的广告人进行头脑风暴，可以避免无谓的头脑空转。广告人的优势是不走寻常路，哲学思考则负

责把碎片整合到适合的规制之中。

有一次我问徐总怎么每次都能恰到好处地找到突破口，拿着一些半夜三更在PARK97或钱柜胡扯出来的点子形成系统的方案，拿去说服客户？徐总说："哲学无非讲两样东西：世界观和方法论，你把握住这两点，就有了系统思考的源头。"这一句点拨，于我日后思考问题的条分缕析、边破边立大有裨益。

哲学研究母题，学哲学的人学术背景敦实厚重，治学严谨。后来我在经济学和法学领域遇到好几个优秀的专家，都有哲学背景。可惜这个学科枯燥而艰辛，不是可以立竿见影获取高收益的。我虽然在房地产领域工作，接触的人普遍都是高薪阶层，但在这里还是要非常诚恳地向那些从事最深层、最基础学科研究的人们致敬。

一座地标建筑，大多数人只看到高度，我有幸看到基坑；一棵大树，大多数人只看到华盖，我有幸见过深根。在中经堂面试的时候，关总问我对中医养生行业有没有认识？我和关总提起自己在焦点广告公司做过保健品广告，这些经历因为和房地产广告关联度不大，又是在大学期间的兼职，简历里面并没有体现。关总听后非常高兴，对徐总也是大加赞赏。我所供职过的公司，令我印象深刻的优秀女性企业家还有华映传媒的冯岚。有一次在第一财经"波

士堂”的三八妇女节特别节目，看到她和靳羽西同席，对婚恋、人生、情感、事业和美这些话题逐一展开，侃侃而谈。我至今仍十分庆幸，自己的职业生涯中，能与这些优秀的人们共事。从她们的身上，感受到很多课本上无法学到的东西。正如教育界流传的一句话：言传不如身教，身教不如境教。

有了这些工作的基础，再到后来，我在“中信·香樟墅”项目与甲方苏雪梅女士共事，她对园林样板区和公开的所有细节对接的老到令我叹服，而我顶着烈日进入工地拍照的一线务实作风，也令她欣喜。我们俩一见如故，每次我去广州出差，苏总都会腾出时间陪我走进样板区看树木长势，或者亲自开车带我去南香山的农家吃饭。

成书之际，许多旧事一股脑儿涌出来，就像我在前两部作品所说的，那是一次清理和盘整的过程。等这些都清理完了，我又要进入下一段旅程。我的这三部作品，正是一次从“阅自己”“阅天地”到“阅众生”的探索。到了“阅众生”这个阶段，慢慢发现，以前会纠结在各种人际关系中。人与人之间的关系太微妙，许多时候，国人在职场上常常把精力花在揣测关系上。关系其实是幻象，是当事人相互误读的幻象，又给外界造成的幻象。微信朋友圈一度被用来当作营销的传播渠道，也一度成为揣测关系的途径。

事实上，朋友圈就像个人演唱会。“她来听我的演唱会”，如今成了“她来看我的朋友圈”。第一眼觉得不对劲的，可以谈着谈着忽然感觉相见恨晚；一开始感情笃厚的，会突然失去信任。我原以为关系是利益之争引起的破坏或和好，现在知道，谈论利益之争还是浅薄了，地域远近、文化差异也不是根本。重要的是，关系主体是否在一个层面上对话。中间人、中介就是为了调和被专业分工的诸多关系而产生的。从一个逃课生，到写了两三本书的人；从“unsociable”的打工族，到能够知人善任的老板，一路负重前行，开始渐渐明白，人生不需要太多行李。

有一次，带着一双儿女在巴塞罗那和即将从 ESADE（艾塞德）商学院 MBA 毕业的一个漂亮女生喝咖啡。女儿一个劲儿地说：“姐姐真漂亮！”那个漂亮的女生笑着对我说：“你女儿可真是 sociable。”我这时候才想起自己小时候也是这样天不怕地不怕，热爱和陌生人讲话。只是小时候，我们看到的是自己首先展现出来的一个层面，年纪见长，会更加深入。

我们正好在谈论华为这样的本土公司和互联网企业的就业机会。在网上看到 72 岁的任正非独自乘飞机、打车，也看到大娘水饺创始人在公司年会被拒门外。一种深深的落寞和忧伤伴随着对欧洲商业和艺术文明的憧憬和对新挑战的一些忧虑，使我陷入很深的思考。

回国次日刚好赶上 ESADE 商学院在虹桥举办招生说明会。我这时候才知道 ESADE 商学院就是中欧商学院的欧洲母校。招生部主任 Mary 迷人的风采和充满幽默感而睿智的谈吐一下子又秒倒我了，一如我初次见到徐丽、冯岚、关翠微时那种好感。但这期间的感受还要更为丰富一些，中国的女企

业家往往有点儿悲情，无法兼顾事业和家庭，就像中国那句老话“忠孝难两全”，似乎摆脱不了要在事业和感情二者间取舍的命运。而Mary身上散发着暖而有力的女性魅力，带着西班牙式快乐香氛的灵魂。人们常说十年寒窗，所以谈论到“延迟满足”这类话题的时候，中国人很容易认同，越能延迟满足的孩子，越有成就。但我们忘记了人生苦短、世事无常，此刻，我发现快乐是如此重要，快乐的人学得轻松，快乐的人可以造出精美的物件。

再次飞过阿尔卑斯山脉，奥地利、突尼斯、意大利、米尔茨楚施拉格、多瑙河……航拍视角的地图在前排椅背上的小屏幕渐次展开，飞机偶尔侧斜，望着舷窗外起伏的山脉，我的思绪起伏，一如群山。

实战思维与接地气的践行

有了前面这些铺垫，在“远洋·钻石湾”项目的执行过程中才能深切体会到“执行管控”与“即时纠偏”的重要性，任何趋于完美的报告都不可能被完整地实现。

策划报告提供战略性思维，战略之下，每一场战役都会面临可控与不可控因素的交叉呈现。马谡失街亭，诸葛亮挥泪斩马谡，就是马谡这个典型的纸上谈兵者在面临阵地战的时候，无法在两军阵前应对突如其来的变化。如果说策划报告是兵法，那么实操用到的还有不同团队组合之下的阵法，再细微到个体，每个人又有自己的剑法和心法。常常被策划人挂在嘴边的天时、地利、人和，很大程度上是兵法、阵法、剑法、心法的圆融合一。

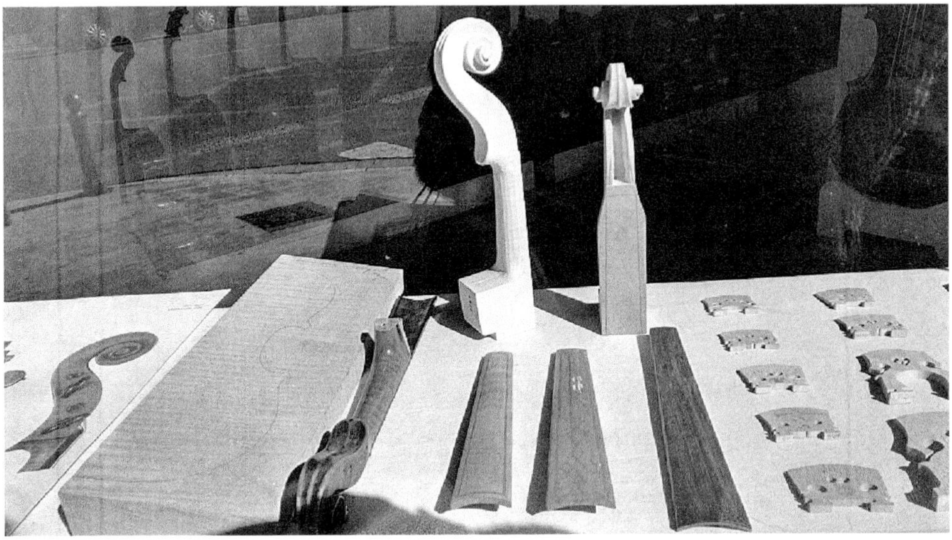

而从出具一份漂亮的策划报告，到真正进入销售环节，就像同时开展文臣武将的工作，对我自身而言是一个重大挑战。若干年前，销售代理公司是分两套班子的，现在回想起来，颇像是文臣武将的分工：一套班子在京师拟奏折，另一套班子在两军阵前穿金甲。

但2012年间我所经历的情况则完全不同，拟奏折的如果不到前线被风沙洗礼一番，必定会在提案过程中被开发商奚落得人仰马翻。开发商聘请了一大批同行中有过丰富实战经验的人才做各个环节的“把关人”。在新闻传播领域，把关人特指拥有媒体发布权的机构中最终审稿、核准刊发的人。把关人不仅仅要对整个出版印刷的各个环节了如指掌，更要对文章主旨、法律道德风险等方面进行防范和管控，也要落实刊物的整体编辑方针。由于房地产开发涉及财务预算、工程进度、广告宣传、销售等多个环节，综合性极强，整合难度很大。因而，对于上市公司来说，基本上每个环节的把关人都是来自业内的优秀人才。

当时，成天在那样的环境里待着，我像一条待在水里的鱼，并没有意识到水的存在。令我感受最深的，反而是当时开发商与代理公司在同一个地方办公，公司称作“驻场”。而偌大一个代理机构，真正在上海总部办公的，仅有一个行政总部和一个小型广告公司。

有两个非常现实的困境：一是人才本土化；二是跨地区操作的工作对接。一方面，上海有比较通畅的招聘渠道和充足的优秀专业人才供应，但人才外派，就涉及交通、酒店等较高的商务成本。如果在成本方面一味压缩，把总监级别的住宿标准指定为“七天”或“汉庭”之类的经济型酒店，这对于公司的形象和外派高管的休息、工作都有许多不利。而另一方面，减少出差和外派就要实现人才本土化，广州、东莞地区由于城市竞争力的差异，不及上海地区的人才更能应对综合类问题的挑战。这仅仅是跨省运作项目，如果涉及跨国或有文化和语言差异的人才，将会是更大的挑战。再则，虽然年轻的广告文案不像总监级别以上的高层，肩负家庭重担和多个项目的综合考评，倒是比较愿意出差，却因为经验不足，往往三五个人出差几次，反复提案、修改，还是不能达到甲方满意。更有甚者，一个年轻文案在给广州某项目介绍四季风光时，还写了一段充满煽情气息的“冬天，雪来……”的场景。一则文案本人缺乏在广州当地的生活经验，再则刚入职场的新人，从校园到工作岗位，正处于生活奔波的最基础生活层面，文字可以看上去很美，但缺少实际到各地旅行的经历，也没有充分的时间去推敲文字，想当然地杜撰生活场景并贻笑大方的事情，并不少见。

总之，春节前公司连续拿下四个广告标，到了五月，基本尽数折戟。一本书的出版，若不能以从个别到一般的视野观待，未免可惜了这些纸张。回顾往昔，这不是一个人的失败，而是一种典型的公司病。新任领导往往意气风发、好大喜功，在团队磨合、机遇把握能力和危机处理等方面的综合能力不足。当时开启广创总经理是北京地产界赫赫有名的红鹤广告公司AE出生，擅长洞察客户心理，把握提案时机，但在对于开启原班团队的接手和新进员工的管理方面，却过多用到了“权术”。广告公司里，设计人员是典型的前卫战士，文案人员是典型的文艺青年。这类人，不完全像从事金融和营销的人，仅看中既得利益，还十分看中工作氛围，也就是既需要用战绩、奖励来激励，也需要有精神高度和心灵滋养的一类人。在我2004年做“佘山月湖山庄”策划总监的时候，带领团队过程中，对于员工的疼惜、体恤往往重于利用奖惩机制对员工才智和体能的考验或者挑战。大多数管理者信奉中国的一句古话叫“慈不掌兵，义不理财”。这点从某一个层面上来说是可取的，我后来自己创办公司也在管理上出现过这样那样的问题，对别人的管理更不可随意置喙。那年，公司从连续拿下四个中信地产广告标，到逐渐失去甲方信任，甚至公司几名元老相继离职，我被调任大连做“远洋·钻石湾”项目，整个过程仅仅三个月。如今回想起来，仍有许多耐人寻味和发人深省之处。

撇开管理这一层，从每一个团队成员个人成长角度来说，一个文案，既可以随便写几段话糊弄过去，也可以字字推敲，直到自己满意。自己满意的，未必甲方满意，甲方C级领导满意的，未必A级领导也满意，A级领导满意了，未必能通过报社审稿和发稿。在《金牌文案是怎样炼成的》和《阅读大地》中都摘录过未经发稿的文案。

但是作为个人工作经验的积累，每一步，却是搭起自己迈向职场高阶和人生更大自由度的台阶。我在写这本书之初，还怀有一些抱怨的心态，感叹过“宁可有神一样的对手，也别有猪一样的队友”，即使到了快要完稿的时候，还感到“疲惫不堪”，一则对作品完全失去了耐心；二则，用出版界一位前辈的话来说，就是到了一种看自己的作品看到“熟视无睹”的程度。而我感到不只是熟视无睹，简直“面目可憎”。

也就是在这个时候，有一天早上，送孩子们上学，雨后在路边看到一只大蜗牛慢慢爬，一步一步向上。路上，一会儿开过一辆奥迪，一会儿开过一辆奔驰，这些车在欧洲的街道上开得倒也不急不缓，那只蜗牛在垂直地面 90 度的墙上爬行，边上来来往往的车辆跟它毫无关系，它的慢，以及沿着自己要去的方向，一小步又一小步，给了我很大的启发。

欧洲早就历经了工业革命的洗礼，也经历过经济快速发展和回落的周期性阵痛，人们不再那么急不可待地去发展经济，反而把生活的重心回归到家庭，也回归本心。

我在海边散步的时候，看到坐轮椅的老人和推婴儿车的女人能轻巧地把车子推上无障碍通道，就忍不住追问自己，那些令我引以为豪的地标建筑还有 CBD，等我老了，真的还想住在自己曾经参与建造的这些项目中吗？那些著名的豪宅，引发许多人斗志的名邸美庐，服务的毕竟是少数人。对于大多数未富先老的人们，有过什么眷顾吗？这样想着的时候，那些傲慢和意气风发渐渐平息了。这时候的文字也许才会温暖而有力量。

或许，好酒、好茶、好文章，都要经过时间的发酵。《无界》不应该只是对我自己曾经跻身医药保健、房产和教育三个关系民生最直接领域的工作经验而炫耀和谈论的个人功绩。过去的已经过去，这些项目和工作经历，所带给我的反思，还有在西班牙小镇上，浸淫在碧蓝色静好岁月里的宁静，才是生活的恩遇，是我想要带给读者的礼物。

前几天在微信上看到一个畅销书作家在签售会上侃侃而谈自己借着阅读加西亚·马尔克斯的《百年孤独》原著而苦学英语。这篇微信文章只是在谈到被作者感动不已的读者热泪盈眶时，轻描淡写地指出《百年孤独》是用西班牙语写的。

既然是一部关于营销的书，虽然名为“无界”，我也不能跨界到来评判出版、教育、文化领域有着和房地产行业一样的浮夸风气。当年，我自己也曾在做“海口御园”项目时杜撰芭堤雅境的园林，现在看来，文字也很稚嫩、造作。当时时间很紧，所有文案和策划工作都由我一个人完成。事实上，我至今没有去过泰国芭堤雅。但是，当时工作资历不深、靠码字求活的我，花费大量时间查阅资料，又不断酝酿、推敲文字，也就是在做基本功课的时候，思考深，工作比较扎实。

70 后的我们，起步时的条件都差不多，慢慢拉开人生差距的，并不完全是外境的病苦、工作变动、行业景气度下降、亲人离世等每个人或早或晚都会面临的处境困扰，但又不可否认，这些外在条件和因素是有一定影响的。这些影响又往往不可控，这才有了很多为自己开脱的借口。但是更多时候，是每一个当下，对自己的放任或是追问。

2015 年跨年的春节，我在北京与一个文化部工作的朋友茶叙，这个姐姐说起她的工作经验时谈道：“如果用人之短，则天下无一可用之人，而如果用人之所长，天下皆可以为我所用。”由于我长期在商业环境下工作，与一些学者、专家有工作上的交集，而真正接触到部级领导并坐下来喝茶的机会是少有的。对于他们的谈话方式和思维方式也感到比较陌生。这样一句充满智慧和哲理的话，原本只是在书上看到，但有人面对面并清清楚楚地告诉我时，对我的作用和影响是极为重大和深远的。

我一方面想到自己在公司初创和经营过程中所面临的许多挑战，都是自己整合团队能力不足，横冲直撞地硬来；也回想起在开启发展到第 20 个年头，公司出现了新旧交替，空降的中层即便希望有所建树，也会同时遭遇内部信息不畅通、授权不充分，外部无法对接引入的交困局面。

一般初入职场的人，首先是处理好人与工作的关系，这时候，专业技能非常重要，而到了职场高阶，处理好人与工作的关系的前提就是要处理好人与人的关系，包括跨部门协调和有限资源（包括时间和资金）条件下合理安排优先级的能力。

职场走得比较顺利的人，应该是在 30 岁前完成胜任总监的职位。以我职场开局的高起点，25 岁的时候，名片上就印着“总监”头衔。从 2002 年开始，又尝试过自由职业，到 2012 年，经历十年断层，看似虚度的十年光阴，走过蜀道一样的心路，拿起当年的青锋剑，剑法心法极尽淬炼，早已不是当初闺阁气十足的花拳绣腿。虽然还是从“总监”这个绕不开的抬头起步，更多的是思考在有限资源条件下如何高效地完成工作，以及如何进行跨部门协作。这时候，明显感到识人比读地难。

在《无界》这本谈论策略的书中，我更多地谈到了“人”在既定策略之下对项目成败所起到的作用。这与我十年之后，从个人工作室重新走入职场时所面临的职业环境及时代背景不无关系。

无论是“华映传媒”“中经堂”， 还是“天启 & 开启”“经纬建筑国际集团”，都有着跨区域经营，甚至跨国经营的商业模式。在此模式之下，必定面临经营者要在成本和服务对接层面考量人才外派和技术保护、人才本土化与跨文化融合。

最早注意到三国刘劭所著《人物志》，是其对于人才以“英才”和“雄才”来略分的观点。

第七讲 “接识”，也就是一流人才能识一流之善，二流人才能识二流之美，尽有诸流，则能兼达众才。第八讲“英雄”（节选）：

> 夫草之精秀者为英，兽之特群者为雄；故人之文武茂异，取名于此。是故，聪明秀出，谓之英；胆力过人，谓之雄。此其大体之别名也。
>
> ……
>
> 然则英雄多少，能自胜之数也。徒英而不雄，则雄才不服也；徒雄而不英，则智者不归往也。故雄能得雄，不能得英；英能得英，不能得雄。故一人之身，兼有英雄，乃能役英与雄。能役英与雄，故能成大业也。

2012年开启广创总经理是典型的“英才”，提案过程中展现了其一流的提案和鉴赏能力。对于人才的把握和商务谈判的气氛、节奏掌握都在与广州中信林总的提案、竞标过程中得以充分展现。可惜的是，他在胸怀、度量以及工作的务实方面“稍逊雄才大略”。

写到这里，不由联想起毛泽东工作一整夜，披着衣服推开窗子，看到千里冰封的北国风光之时，以“惜秦皇汉武，略输文采；唐宗宋祖，稍逊风骚”抒胸怀，也从中看出他正是通过这一阕《沁园春·雪》来对前夜部署军事要略，此刻又文采飞扬笑侃帝王，同时驾驭英才雄才，故能成大业的踌躇满志。《人物志》的内容简介如下：

刘劭以人之筋、骨、血、气、肌与金、木、水、火、土五行相应，而呈现弘毅、文理、贞固、勇敢、通微等特质。此“五质”又分别象征“五常”仁、义、礼、智、信，表现为“五德”。换言之，自然的血气生命，具体展现为精神、形貌、声色、才具、德行。内在的材质与外在的征象有所联系，呈现为神、精、筋、骨、气、色、仪、容、言等，是为“九徵”，这相当于所谓“气质”的层次。

依照不同的才性，刘劭将人物分为“兼德”“兼才”“偏才”等“三类”。透过德、法、术等三个层面，依其偏向，又可分为“十二才”，即清节家、法家、术家、国体、器能、臧否、伎俩、智意、文章、儒学、口辩、雄杰，依其才能不同，适合担任的官职也不同。

在《人物志》中，刘劭将才、德并列标举，作为拔选人才的标准。

刘劭的品评，以中和为最高，讲究平淡无味，是为圣人。所谓中和，在于兼具“平澹”与“聪明”两种层次，聪明为才，而平淡则是生命所展现的境界，已不单纯是道德修养的层次，更是对“全幅人性”的审美态度。除中和外，其余为偏至之材。“九徵”兼至的人，“阴阳清和，中睿外明”，就是中庸，称为圣人，是君王之才；具体而微，称为“德行”，是大雅之才；偏于一才的人，称为偏材，是为小雅。此外尚有依似、无恒等级别。

对于甄别人才，刘劭进而提出“八观”“五视”等途径。“八观”由人的行为举止、情感反应、心理变化由表象而深至内里，反复察识。“五视”则在居、达、富、穷、贫特定情境中，考察人的品行。

——摘自百度百科

十年荏苒，职场变动，一朝天子一朝臣的事后来都成了故事。我渐渐开始思索，当年所遇见的这些在商界叱咤风云的人物，如何用他们的才华和功绩书写或成功或悲情的生命篇章？他们给予我的启发应该不仅仅是技能方面的，直至看到克里希那穆提的一本书名，才豁然点出我思索的命题：这一生为何而来？

帝王，一代帝王；圣贤，百代帝王。而在茂陵、乾陵、秦始皇陵前逛荡的我和在钻石湾的八里海岸线边沉思的我是不是同一个人呢？看完张艺谋与巩俐再度合作的影片《归来》，有人说“他还是他，她已不是她，她也不再是他的她”。思虑大命题的时间久了，自然而然遇见的都是大课题、大人物、大资金、大手笔。

时任新聚仁机构聚通广告公司总经理陈琳，1999 年在汤臣集团旗下子公司甲山林的时候是我的同事。有一天，她感叹说汤先生“壮志未酬身先死”，我们两个人当时经常一起逛街、一起加班，知道整个集团运作这么多项目，抽调各种资金，有过大张江计划，也有过在汤臣高尔夫球场会所设置全亚洲最高端的远程会议系统的商业计划。抽调来的英国籍总经理给我们作简报非常精彩。之后，我很长时间都保留着那套黑白影音的简报材料。

为了“汤臣一品”（原名“富都世界”，后来也改叫过“汤臣海景”）那块土地，从取得土地证、开发许可证、预售许可证，到……而这期间，亚洲金融风暴来袭。息影后的徐枫女士投拍《霸王别姬》获得戛纳金棕榈奖之后，继而与张国荣再度合作拍摄《风月》，但是《风月》的票房表现不佳。对集团来说，这时内忧外患，资金链非常紧张。所以，当时虹桥地区紧急出售的汤臣嘉年别墅、龙柏易居和一处多层公寓都是集团整体运作过程中的战略部署。我当时虽然只负责文案工作，但几乎每个在售项目都有涉及，所以，后来回想起来，即使是大资金大手笔运作的集团公司，并不是每次都在赢钱，所谓大舍大得，必须得有大魄力。市场好的时候多方盈利，市场不好的时候敢于止损。

那个年代没有微信，也没有 POS 机。如果有的话，汤太的“朋友圈”大概会是李宗盛和林忆莲、梁朝伟和李连杰。“汤臣豪园”开盘那天，集团的保安和司机，从龙东大道这一边汤臣高尔夫球场里面的财务部到龙东大道那一边汤臣豪园售楼处，运送的是整箱整麻袋的现金。

当时公司法务部有个漂亮干练的姑娘，直发过耳，桌子上除了各种合同文书，还整整齐齐码着一排亦舒的书。我有一次坐在她办公桌前面聊天，顺手翻开《喜宝》，活生生跳出来一段话：“我更轻地拉开第三格，抽屉只被移动一时，我已看见满满的一千元与五百元大钞。我的心剧跳，我一生没有看见过这么多的直版现钞，钞票与钻石又不一样，钻石是穿着裘皮礼服的女人。现钞是……裸女。”

我再也没有见过哪一家本土房地产公司，有这么多能干又靓丽的女同事。或者陪着外籍客户看样板房，或者在高尔夫球场的发球台给客户安排，或者给客户太太妥帖推荐保姆和花草养护，或者在售楼处利落地签单。忙碌的时候各自忙碌，闲下来的时候，聊天讲八卦，也会富有意趣和哲理。高尔夫球场的鸢尾花和飞鸟在脑海里渐渐模糊，反而是与那些同事们闲谈的碎片，渐渐拼凑出了一部当代的《红楼梦》。

有一次在大连中信地产饭堂吃饭，据说中信地产的福利之一就是员工的饭菜都是有机的。一名甲方主管忽然问我："你以前在汤臣做的？"我笑笑点头。他接着问："你们汤臣一品的龙头和马桶真是24K纯金吗？"

我真没机会去刮过汤臣一品的龙头和马桶。我有点想说，汤臣一品隔壁的盛大金磐顶上还有几只"金盘子"，您要不要学蜘蛛侠爬上去自己检验一下。饭堂里当时有好多人，我不好意思驳甲方主管的面子。于是换了个说法说道："汤臣迄今最有价值的作品并不是汤臣一品。"那人本来是有点调侃和打趣，有点八卦和好奇，也有点想看看我是不是货真价实的汤臣出品，这时候已经静静停在那里听我往下说。这是中信地产的饭堂，我们是驻场策划团队，吃着人家的有机饭菜。我不高调也不夸张地说："汤臣拍过一部电影叫《霸王别姬》。"我说完，往嘴里送下一口饭，笑笑离开。后来，这个甲方主管成了我的好友，我离职后再去大连的时候，开启另一个在职总监刚好也过来汇报工作。中信这个同行先来招呼我，我虽然有点不好意思，但也更加了解，在这个行业里，你越是做到不卑不亢，转身之后越有无声的目送。

重入职场，关于我的空降和被先后抽调广州、大连、青岛，总是有甲方和本公司的人私底下议论纷纷。我也很少与人说过往，不是不想说，是实在没空说。说出任何事实，都像是炫耀和挑衅。在青岛做"远洋公馆"的战略规划，因为涉及利用会所启动销售的方案，远洋东北区陆总提出了一个“家宴”计划。那个季节刚好入了秋，青岛的碧云天、黄叶地，陪衬着红色屋顶和起伏的路面，是再好不过的时节。甲方销售部负责人也有慷慨请我们吃饭的时候，海边的啤酒和烤串是这个滨海小城最有魅力的风情。

饭后开会，会上冷不丁又说起大闸蟹。一个甲方领导口沫横飞地说：“何鸿燊家宴吃螃蟹，要有人在旁边一道一道地试过有没有被下毒。”会议室里已经弥漫着呛人的烟味，“大熊猫”“金丝猴”混合着之前的酒气，每到这时候我的头脑和心智就有点儿失控，一股不耐烦怦然而出：“汤太家宴，每年要请梁朝伟到我们汤臣来吃大闸蟹。”

汤臣高尔夫球场，那时候还请老虎伍兹来打世界锦标级高尔夫球赛。我后来看到有人在朋友圈的头像放转体挥杆并且每天发各种鸡汤，就选择“不看他的朋友圈”。中国刚刚开始富起来的时候，只把高尔夫当作一种标签，并不明白 GOLF（高尔夫）中的 G 代表 green（绿色），O 代表 oxygen（氧气），L 代表 light（阳光），F 代表 friendship（友谊）。中国今天所有的富人，30 年前都不富裕，不仅从财富的角度来看谈不上富裕，在时间和休闲方式上也不富裕，精神生活更加贫乏。很大程度上，是曲解了高尔夫文化，亦如我们曲解了游艇。

汤君年先生的家业随着他英年早逝，使他构建的商业帝国渐渐淡出人们的视线。在局外人看来，跟均瑶集团董事长、梦工厂创始人、滴滴的杨柳青这些成功人士被病痛纠缠，然后了悟人生的功课好像是一回事。有一次，与昔日同事陈琳电话聊天，忽然唏嘘说太可惜了，汤先生没有等到汤臣一品竣工和销售。我想起汤先生当时说：“不急的，汤臣一品的房子是卖一套少一套，留着慢慢卖好了。跟着我们汤臣买房子的人，后来都赚了大钱了。”当初，汤臣集团在巨大资金压力之下，对品质的坚持，还有对媒体的沉默，如今看来都是很难得的。我们大概都因为在这家集团公司工作过，受到企业文化的启蒙和熏陶，后来，因为这部分履历，在职场求职过程中受到各种重视善待，有点像毕业于某世界知名学校，无论走到哪里都会有校友相互提携。

再后来，当我渐渐感受到这家集团公司对于浦东开发开放里程碑式的投入，是在为一个毫无经验的市场布道。而对于一个尚无行业准则和人才库的空白市场，其投注的心血和对市场启蒙的恩惠，无法用企业利润来衡量。自己创业过了，才知道布道的过程中必然伴随殉道。联系到自己在做儿童视觉艺术启蒙工作时受过的责难、不解和伤害，化作对旧时的一番唏嘘。

随后，与汤臣一品同样占据陆家嘴一线 32 景的“盛大金磐”开发商老总移居海外。虽然我在公司负责专业技术口上的工作，但是从电视剧《蜗居》所隐射的政治、经济、民生话题中，不难了解到这一代房地产开发商们共通的穷通和困境。老子《道德经》有言“治大国如烹小鲜”，在房地产行业中

待久了，整合营销思维内化成一种习惯。好像总是用自己一个头脑做集成，多端口接驳各行各业。

我仅仅听陈琳在电话里感叹了一番，就能感觉到，话语中还有她自己对一路纵横捭阖做到公司总经理的怜惜与无奈。这样的心境，若说给手下初出茅庐的新人听，无论如何都是不妥当的。所以，打个电话，说与故人。离开中国前，我与她道别，我本想请她参加公司年会，那天她说请宋家泰吃饭。陈琳说买了礼物改天来看我，而我却看错了启程的时日，原本打算匆匆见一面，却已经咫尺天涯。她在电话里说祝福，年轻的时候，她忧伤地写出“心比身先老”。原以为现在会变得温婉了，她反而一边凌厉地“十步杀一人，千里不留行”，一边晒和陈奕迅、高晓松的工作照合影。

忘记了是谁说的，在中国做女人难，做名女人更难。紧接着，就有“民女”开始挖苦她，你觉得做“名女人难”，你试试去挤公交车、提着菜篮子走在气味很重的菜市场讨价还价，或者风里雨里接送孩子上学放学。

创业走到最艰难的第三年，世界经济扑朔迷离。出走是我当时最迫切的心愿。像牛郎用扁担挑着两个孩子，跨过重山和大海，去追天边的织女星。

创业如修行，我曾创业，自然曾经入妄……入妄是什么？简单点说，就是失了平常心。最有名的“入妄者”是堂·吉诃德。……他的配置：一匹瘦弱老马、一支生锈长矛、一顶破烂头盔，再加上一个根本没有骑士追求的同伴。他要以此追求光荣与不朽。你无法叫醒一个身在“妄境”里的人。……所以，入妄不是错。它是修行的一环，无可避免。被困在妄境的长短因人而异，但破妄而出都功力大增。

—— 梁宁《创业修行：90% 的小团队在妄境里》

妄境如茧，做茧是你，破茧也是你，只是破茧而出的那个你已不再是当初的你。人若无名，专心练剑。三年铸剑，七年炼心，十年道成。

2014 年 3 月，上海版画家协会会员陈晓云女士带着她为我定制的藏书票与我一起去青岛良友书坊开《阅读大地》签售会，我们当时住在一个房间。我问她：“怎么不专心画画？”她说：“我又不想过得那么清贫，偶尔还要

喝个小酒，抽个小烟的，怎么能说不工作就不工作了？有时候，一些应酬也是不怎么想去的，可是无论多累，还得端着。”以一个画家应该在画展上以及画展之后该有的那些姿势，把自己架在那里。对于创业这种妄想，大多时候，想想就算了，对于打工的环境，忍忍就过了。

职场中，我始终“任性”。有过开发商请饭称病，也有过甲方老板敬的酒不喝。任何地方都有规则和潜规则，在世界华人周刊的微信公众号上，有一篇原创文章《那些挣扎在酒桌上的女人》，本土公司的企业文化如此，女性高管多数对此心照不宣。我的“任性”也好，“Follow Your Heart”也罢，总之，走到了山重水复疑无路。

妄境来自妄心。所谓创业也是一次尝试。从“疑无路处”，寻“柳暗花明”，但经验缺乏，模式待摸索，团队待磨合……太多的资源不具备，每一步，虽不至于“妄为”，但仍旧揣着“妄心”。妄心不除，妄境难破。而“狂”与“妄”唇齿相依，入妄的人，都曾口出狂言，口出狂言者，是有一颗妄心作祟。妄心之下，藏着某个执念。待到这些浮出水面，心路渐渐平坦了，从执着和妄念里出来，该吃饭吃饭，该睡觉睡觉，人间路也就宽阔了。

回来的飞机经停维也纳，我的两部手机都丢在巴塞罗那。这本书的出版过程中，我一共丢了三部手机（一部 iPhone6，两部华为），摔坏一部 iPhone4s，还丢过一次电脑。但这时候，我已经不再把丢失留有思考痕迹的东西当成天大的事情了。落地后，我给英国和西班牙的朋友发信息报平安，附了一句话：

人生，除了爱，其余都是行李；除了生死，其余都是小事。

创业者的妄境

创办 Colorbar 儿童视觉艺术中心，遇到三种家长。一种家长我告诉他，绘画是种技法，国外最新研究表明，职业训练从5岁就可以开始了。“3岁看大，7岁看老”，我认识的一名画家5岁时就立志做画家了，莫扎特6岁开始巡回演出。如果孩子五六岁，能够显现出天赋异禀，就不要把奥数、英语、舞蹈、跆拳道一路学过来了，所谓一通百通。画画是最简单的傍身技能，做工程师或者服装设计师，广告设计或者动画设计，再或者绘本插画师，未来都会有不错的收入，这就是给人生筑价值底盘。第二类家长的孩子遇到学习困难，我会告诉他们绘画可以定神静心，上课分心和注意力不集中的孩子，小时候缺少专注力训练。画画是治散乱的好方法。第三类境界更为通达的家长，我就不在术的层面啰嗦了——“天地有大美而不言”，人生最不如意时候，背上照相机或画板，游走山水可以境转心。所谓内圣而外王，教画画不是模仿名家作品，而是让孩子去感受美，美与真善同胞，是超越伦常的普世价值观。希望孩子走得更高更远，他们需要这样的人文美学启蒙，孩子生来便有生命，而我们所谈论的，叫作慧命。

国内大多数公司的文化建立在君臣父子的集体潜意识之下，我在开启机构终究只工作了一年半，看各种争斗和倾轧，如同李白在金銮殿里狂醉之后仰天大笑出门去，“明朝散发弄扁舟”。李白、杜甫、王维分别被誉为中国诗坛的天、地、人三才。三人都是无酒不欢的，而我烦闷之时，酒可以浅尝，不能醉倒！联想到刮骨疗伤的关云长，眼睁睁看着骨头上的伤一点点被刮掉。

说到关云长刮骨疗伤，想到中经堂讲“中医外治法”。中医外治法，自古有之，被列入中医十大疗法之中，针灸、砭石、拔罐、敷贴都是外治。其理论基础来自“经络学说”“气脉学说”“气血精液神学说”“病因病理学说”等。我的一些特殊的工作经历，是走“寻常路”的地产策划人不具备的背景知识，但恰恰又是更宏观地把控项目的思维方式。如果有这方面的背景知识，再去看近年上映的一些影视大片，《冰雪女王》《功夫熊猫 2》《狼图腾》《超体》《蚁人》中，都悄然蕴含着这些天道禅机。

我做儿童教育培训，更多地接触孩子与家长，自己也在进修各方面课程的过程中浅涉“九型人格”和“曼陀罗绘画”，这时候再去理解《人物志》的“九品中正制”和藏传佛教所提到的“坛城”，就能发现各种学术体系之间的关联性。

离开开启机构之前，我在大连十五库听了一堂国学课，讲的是庄子逍遥游。

庄子是用生命诠释老子的一个人。他愿做泥中的龟，而不去当楚国的大官就表明了这一点。《庄子钓于濮水》出自《庄子·秋水》，摘录如下：

庄子钓于濮水，楚王使大夫二人往先焉，曰："愿以境内累矣！"

庄子持竿不顾，曰："吾闻楚有神龟，死已三千岁矣，王以巾笥而藏之庙堂之上。此龟者，宁其死为留骨而贵乎？宁其生而曳尾于涂中乎？"

二大夫曰："宁生而曳尾涂中。"

庄子曰："往矣！吾将曳尾于涂中。"

这段文字的大致意思是：庄子在濮水边钓鱼。楚王派了两位大夫拜访，并传达楚王的致意，希望庄夫子能到楚国来从政。庄子听见问候，拿着渔竿，头都不回，说："我听说楚国有一只神龟，死的时候已经有三千岁了，你们大王用很金贵的绫罗绸缎把它包裹起来，供在庙堂之上。作为这只神龟，它是愿意死了以后，为了留下骨骸而显示尊贵呢？还是宁愿活在泥潭里面拖着尾巴爬行呢？"楚国的两位大夫也是老实人，说："龟还是愿意在泥潭里面拖尾巴吧。"庄子说："你们回去吧！我还是愿意像龟一样在泥潭里面拖着尾巴活着。"

生命的质量取决于个体的价值观取向，庄子的逍遥在于价值取向清晰，于取舍时毫不纠结。不纠结就逍遥了，在出世和入世的价值观上通达了，也就旷游天地了。

从《金牌文案是怎样炼成的》到《阅读大地》再到《无界》，我的三部作品，其实走了三重天。走了一大圈，回来一看国际流行的九型人格，就在《人物志》里面。那时，中国的时代背景叫"三国"。

六祖惠能说：“何其自性，本无动摇”，庄子在有人请他做官的时候，已经是“本无动摇”了。他们两个如果能相会，那也必是可以秉烛夜谈或者什么也不说，静默相对而惺惺相惜的。

李连杰主演的电影《少林寺》里，方丈在为觉远剃度是整个故事的终结。

> 宝殿上，觉远（李连杰饰）剃度受戒。
> 老和尚问：“尽形寿，不杀生，汝今能持否？”
> 答：“能持。”
> 问：“尽形寿，不偷盗，汝今能持否？”
> 答：“能持。”

当问到第三戒“尽形寿，不淫欲，汝今能持否？”时，镜头转向寺前柱子后面的牧羊女（丁岚饰），哀怨深情的眼中泪水盈盈欲滴，冲着回头望她的觉远拼命摇头。取舍的刹那间，那一望，望断时空。观众的心揪着，希望奇迹发生。然而觉远最终还是转过头，点头受戒。牧羊女掩面狂奔而出。武学入门之必除妄心，商界入道亦必断妄想。

武学有“武魂”，商界有“商道”。

所谓“理可顿悟，事需渐修。”我汇集20年来的猜想、妄想、狂想、遐想、奇思妙想，点点滴滴，斑斑驳驳，凑成这部《无界》。在这万丈红尘里，在肉山酒海的商界，“能持”是难持的功课，是破妄的开端。

电影《一代宗师》里有王家卫心中的民国武林，民国的武林里有一王家卫式金句：宁可一思进，莫在一思停。另一句也是大家气象：“其实天下之大，又何止南北。勉强求全，等于故步自封。在你眼中，这块饼是个武林，对我来讲是一个世界。所谓大成若缺，有缺憾才能有进步。”

在《无界》中，花大篇幅写这部分，是想告诉在策略领域里想要更上层楼的读者，职场到后来，走的是心法，心法到后来，比的是定力，定力之源头，在于戒律，而戒律护持的清净与否，不是为了对神佛的许诺，而是看看自己的心力，到没到水滴石穿，绳锯木断。

相关链接

若聪能谋始，而明不见机，乃可以坐论，而不可以处事。聪能谋始，明能见机……气力过人，勇能行之，智足断事，乃可以为雄，韩信是也。

体分不同，以多为目，故英雄异名。然皆偏至之材，人臣之任也。故英可以为相，雄可以为将。若一人之身兼有英雄，则能长世，高祖、项羽是也。然英之分，以多于雄，而英不可以少也。英分少，则智者去之，故项羽气力盖世，明能合变，而不能听采奇异，有一范增不用，是以陈平之徒，皆亡归高祖。英分多，故群雄服之，英才归之，两得其用，故能吞秦破楚，宅有天下。

——摘自刘邵《人物志》

操盘的天机

以2012年5月开盘三天的“远洋·钻石湾”为例，虽然在媒体策略、广告阵地布局、首发户型配置、价格策略、货值梳理、客户挤压和落桩、销售团队储备和培训等方面做足准备，却不曾料想开盘首日暴雨如注，对于实际销售情况，谁都说不出一个准头。但随着每个执行环节的严密推进，一股强大的士气鼓舞而起，那种情形有点像小时候看中国女排打比赛。最终完成总销售金额16亿元的斐然业绩，作为主策人员和所有广告的唯一执笔，可以说是我职业生涯中一个可圈可点的里程碑。

这件事情，让我更深一步地思考策略和执行之间孰轻孰重，以及在实操过程中，遇到与预估不符的蓄客量或政策变动、天气异动，甚至主将临阵变动等情况时如何权宜。总之，从策略到执行，是一个活生生的过程，绝不是僵化和教条的。策划是一门实操学科，没有多年实战经验，只能依样画葫芦地山寨策划报告。

在策划领域，新人尤其喜欢收藏策划报告，各种形式、各种版本、各种炫技，却往往找不到“魂”之所在。这种情况不仅策划界如此，就是理论界也不例外。八股文一样的学术论文和言之无物的策划报告，总是能唬过一些外行人。这些年，遍看开发流程各个环节，最可怜的就是被形式和包装镇住的开发商，动辄数亿资金，往往被职业经理人包装光鲜的履历唬住，被“形式大于内容”的策划报告煽动，地皮上一开工就是一个桩，桩打错了，后面的修修改改，真是千辛万苦，资金链断裂、团队士气涣散等危机接踵而来。

世界上最好的项目，一半由天造，一半由人造。天造的那一半，是地脉，是风水，是自然的风貌或历史人文的传承，赋予了土地无可比拟的独特性。人造的一半，如璞玉遇见良工，依托天然材质（翡或翠）的色彩形态，寥寥几刀，浑然天成。而若让庸匠拿到一块好玉，一刀下去，上好的料子就毁了。再如庸医误人性命，一刀下去，胎儿被当作子宫肌瘤给切了。房地产是一个动用大量资金和资源的行业，贸然进入的外行人时有所见。就我这些年从业经验来看，起初，对于房地产的理解是广告上的户型图、园林效果图，然后深入到容积率、绿化率，再对建安成本、土方平衡开始有了考量，但这些对于一辆能跑起来的汽车而言，其实只是从零件看到了构件。最后经过数年磨炼，逐渐又深入一层，才渐渐对房地产这一商品的客户属性、消费行为学和消费心理学有所意会，这些绝不同于策划报告上那些条条框框的分类。对于A、B、C 类客户，再精准的描摹，也不及多年待在售楼处控台后面看客户拖家带口屡次往返售楼处，踯躅犹疑，被老道的置业顾问循循善诱地“请君入瓮”。我这么说，并不是说买房一定就是件让客户吃亏上当的事情，但大多数情况下，买的不如卖的精。客户挤压，出货序列，广告战术，都是精心排布的局。一个看上去几万套房子的大盘，真正留给客户选择的余地其实很有限，信息不对称则是常态。消费再谨慎，总是包含理性和感性两个方面的因素。最后，就跟买玉一样，买到的就是眼缘。就算到了这个时候，对于房地产开发，大概也只是从构件看到了部件，见了树木，见了丛林，仍旧不算是见了森林。

实话说，见了丛林才敢谈论树木。我在 2012 年出版《金牌文案是怎样炼成的》期间，虽然从业十余年，但由于做个人工作室、跨行做传媒和策展、做动画与教材，甚至做养生机构品牌策略总监，行业宽度打开了，纵深却不足。2013 年《阅读大地》出版时，反思土地与人文精神，仍旧在广告与行销领域打转，直至 2013 年下半年起，自己创业成立 Colorbar 儿童视觉艺术中心，第一次将产品研发（即课程）、营销推广、团队管理、资金管控四大要素全线掌控，才回光返照，窥见房地产开发的全貌。这时候也对“盲人摸象”的寓言有了更深的了悟。记得在文案培训过程中，我时常提起儿时语文课本里“小马过河”的故事，在实践工作中给自己启发颇多。

近年来，房地产行业内，从企业高管到自主创业者颇多，这既是产业结构调整所面临的挤出效应之必然，又是近年来“互联网 +”的轻资产创业模式层出不穷，资金和土地已经不再是创业者的最大掣肘。而房地产领域的高管无一不是身经百战，在资本、土地、人才战略高度运筹帷幄，即便工作中分工细化，未能领悟全局，也往往是各个分支领域中的佼佼者。丰富的实操经验、广泛的人脉资源，若再加上一些勤奋和机缘，想要根据个人志趣，玩一些跨界，触类旁通，大有可为。

就在 2014 年，我创业遇到瓶颈的时候，猎头公司打来的电话不算，先后有两家公司抛出配股的橄榄枝。

只要有人的地方，必有权力的分属，只要有权力的分属，则必有竞争。责、权、利的划分，从来是政治、经济领域绕不开的现实问题。有限的媒体预算和人力资源如何“精准制导”，新团队如何激励与磨合，在“钻石湾”的销售过程中，插入过一篇招聘广告，标题是我拟的“一品江山必属风流人物”，开启机构陈总改了一个字，成了“一品江山必属一流人物”。在这个标题之下，“钻石湾”开盘前，远洋地产与开启机构联合招聘百名置业顾问。从招聘阵营来看就足以席卷整个大连，引起轰动效应。

这些“火线入党”的置业顾问之间，必然存在争夺客户资源的恶性内部竞争，这是多年做地产营销的人们心中默会的潜规则。

好在远洋地产北方区总经理陆志军这个时候果断地在公司内部推行 OA 系统。对于眼下热闹非凡的“互联网 +”概念，我曾和同行闲聊时说起，互联网是在云端，房地产是在地上，可以说任何产业都是“互联网 +”，但其实，对于做房地产的来说，也可以说任何产业都是“房地产 +”。OA 系统就是搭载在远洋地产集团旗下，以房产营销线上与线下互动、货源管理、权限管控、流程审批种种集成的一个管理和咨询集成体系。通过这个体系，销售置业顾问根据首次登陆的客户信息来界定客户归属，避免了一些不必要的内部纷争，尤其是房源信息的权限控制，更便利地集中到了上层。

秦始皇统一六国后，做了一件重要的事情就是统一度量衡，这才使得商贸和货币流通得以实现，也避免了由于货币不统一造成的区域壁垒和纷争。同样，远洋地产这个时期大力推广 OA

系统，正是集团化管理的必然趋势。钻石湾的营销策划报告里并没有包含这些内容，一个执着于报告完美程度的新人也看不到这期间管理的铁腕和意志。任何新制度的推行，都会遇到权力被重新划分的各种遗老遗少的阻力，时隔三年之久，再忆这些不可言、不可说的种种细节与深意，荡气回肠！最后，竟像禅宗当下明了的不传之法，只能归藏在一个“默会知识”的匣中封存。

青青子衿，悠悠我心。

……

挑兮达兮，在城阙兮。

——摘自《国风·郑风·子衿》

“默会知识”是很多理论家忽略的一个要素，我常常拿现在的中医缺乏传人来打这个比方。中医在过去是一门家传技艺，祖孙父子之间口耳相传，孩子若出生在中医世家，从小就在中医药气息氤氲的耳闻目染中长大，或在五六岁大人煮药时帮着看一下火，或在七八岁光景时帮忙称重抓药，或在十来岁与爷爷上山采药，或半夜惊闻急症病人拍门，在迷梦之间听父辈怎样救人……凡此种种，生死无常，病患疾苦都早已摄入六根。到弱冠之年，或随爷爷坐诊，一旁抄方子，写医嘱，或随父亲入药材，总之，族中依照其资质禀赋，进行专训，再过几年，技艺圆熟，已然是家族事业传人。其中许多“默会知识”来自实操，渐渐融于心间，并无典籍可循。这大概就是金庸笔下《书剑恩仇录》《倚天屠龙记》中，那些剑法、心法，往往寥寥数笔，或就几幅画，或只四字诀，其余都是师徒之间朝夕相处心心相印的不传之法。我又不免重提那句旧话：懂了就懂了，不懂就算了。金庸在武侠书中常示现出个人因缘、资质禀赋，而我以近二十年从业心路来看，操盘手的资质禀赋在项目中所起到的作用确实非同一般。这又回到我儿时在长辈们谈论“时势造英雄”还是“英雄造时势”的话题时贸然的回答。“钻石湾”项目操盘中，运用到一个特别的媒体策略是《钻石湾周报》，当时公司看我能写，开盘前的“周报”成了“日报”，以夹报形式呈现，在大连主流媒体中引起巨大争端。比起当年汤臣高尔夫别墅开盘时一周四个彩色整版，此番更是大手笔中的大手笔。从头版的评论员文章，到尾版的半版广告，再到中缝和报眼，整个把“夹报”这种DM形式，做成了一份“报中报”。

若不是我十多年仗笔江湖，不可能跟上陈总的节奏。到后来，大连分公司有些人还是喜欢说“这个是‘钻石湾’项目的文案”，我只是淡然笑笑。在房地产公司里，文案有文案的奖金，总监有总监的奖金，和大学里评职称是一样的，这些挤破头、磨破嘴皮的事情，我向来避开。《金牌文案是怎样炼成的》当时刚出版。“命里有时终须有，命里无时莫强求。”母亲去世那年，我大学毕业，早已经把这些身外之物看淡。有一次我为这些纷争实在是腻烦透了，提包想离开，大连公司总经理又单独找我谈话，谈到工作成果，由于老板一直夸我，作为销售出生的他，又实在看不出我这点笔杆子在项目中能真正起到什么作用，顺嘴也说我文案写得好。我平素不作声，那天并无别人，我反问了一句：“毛泽东写得一手好词，您看，他也就是个写词的词人吗？”一句话问得他半天没说话。毛泽东只说枪杆子里面出政权，却没有说笔杆子里面出政策。可事实上，笔杆子是毛泽东的另一条战略路径。《论八大关系》《论持久战》《帝国主义都是纸老虎》这些耳熟能详的文章，在每一次战役之前，要么审时度势，以战略高度厘清敌我关系；要么高屋建瓴，于僵局中见变局；再要么隔岸观火，洞彻强敌与弱旅之内在，这才有了“敌进我退、敌驻我扰、敌疲我打、敌退我追”的战术方针，以及随之而来的“枪杆子里面出政权”。第二次世界大战期间，一档著名的电台节目《这里是伦敦》，也是分析敌情，利用当时最为先进的传播工具“广播”，将盟军在前线的战事捷报广泛传播，极大地鼓舞士气……这段历史是载入新闻史的。但在战争史中却并不及诺曼底登陆、攻破马其诺防线或是木马屠城、火烧连营这样的大阵仗被反复提及。

说到这里，不由得让人又想起了中国战争史上被后人以浓墨重彩反复传扬的楚汉之争，其悲壮而颇具人文色彩的“四面楚歌”，也是以“歌”当箭，穿透了两岸阵营的军士心间。可惜，正因为传媒的力量是隐性的，人们只见“枪杆子里面出政权”，而忘记了“笔杆子里面出政策”。这也就是战争时期，“党指挥枪”还是“枪指挥党”的思考；和平年代，“屁股指挥脑袋”还是“脑袋指挥屁股”的争论。

从文字雕琢到媒体部署，从写策划报告到策略性思考，再到战略研究，我随着房地产行业走过曲折跌宕的近二十年，从一个文艺兮兮的少女成为两个孩子的母亲，从上海的黄浦江畔走到大连的八里海岸，从徐霞客万里之行的佘山之麓到康有为归藏人生的青岛腹地，人生画卷可谓波澜壮阔。2012 年 5 月，“远洋·钻石湾”开盘前夕，我奔赴大连，刚好在飞机上读到吴晓波的一段精彩对答。有个大学生在一次演讲后提问吴晓波：“什么是历史？”吴晓波说：“历史是荆轲手中的一卷江山，展开来，展开来，再展开来，才看见露着寒光的真相。”

吴晓波每以经济学人的身份出现，但他的文章不似大多数经济学者堆砌

数据，而是透露着深厚的人文情怀。这也是我接下来在策略研究中会谈及的一个方面——情怀。人不是冰冷的机器，许多人的策略报告只见逻辑推导严谨的数据和堆砌华丽的辞藻，形式上精妙无比，但在提案时，却常常因其枯燥无味让开发商哈欠连连。试想，在大学课堂上，你所喜爱的导师，究竟是一位措辞幽默、肢体语言生动、个性鲜明的智者，还是一台语音平缓，波澜不惊、随时播报精准数据的电脑机器人？或许有人反驳，我们也喜欢大白式的温暖机器人啊！好吧，不必限于细枝末节的争议，我在这里想要告诉读者的是，就我个人经验而言，越是高级别的管理层，越具有深厚的人文情怀。

丹尼尔·平克，趋势专家，《全新思维》作者，畅销书作家，《纽约时报》《哈佛商业评论》《快公司》和《连线》杂志撰稿人，美国前副总统戈尔及白宫行政部门演讲稿撰写人。其《未来世界属于高感性能力族群》的文章，摘录如下：

● 世界将属于具有高感性能力的另一族群——有创造力、具同理心、能观察趋势，以及为事物赋予意义的人。

● 今日社会最需要的不是分析而是综合——综观大趋势、跨越藩篱、结合独立元素成为新好产品的能力。

● 在一个富裕和自动化因素掌控的世界里，左向思考仍属必要但已不足够，因此我们必须熟习右向思考，学会高感性和高体会技能。

这个世界原本属于一群高喊知识就是力量、重视理性分析的特定族群——会写程序的计算机工程师、专搞诉状的律师和玩弄数字的MBA。但现在，世界将属于具有高感性能力的另一族群——有创造力、具同理心、能观察趋势，以及为事物赋予意义的人。我们正从一个讲求逻辑与计算器效能的信息时代，转化为一个重视创新、同理心与整合力的感性时代。

发挥一下想象力，把过去150年以一出三幕剧来展示：第一幕是19世纪的工业时代，主角是工厂工人；第二幕是20世纪的资讯时代，主角是知识工作者，特征为擅长左向思考；第三幕的帘幔已经拉起，就是当今的21世纪，可称为感性时代，主角是创作者与咨商员，特征是精通右向思考。

如果你是对现有工作和生活不满足的职场人士，或是急于想了解下一波潮流的创业家与企业领导人，乃至于关心自己下一代未来的父母，或是兼具敏锐情感和灵活创意，却在信息时代备受忽略与贬抑的族群，那么，我要告诉你，有六种攸关最近的未来有无前途的关键能力，它们分别是：

一，不只有功能，还重设计。

二，不只有论点，还说故事。

三，不只谈专业，还须整合。

四，不只讲逻辑，还给关怀。

五，不只能正经，还会玩乐。

六，不只顾赚钱，还重意义。

这六种关键能力又来自两种感知：高感性与高体会。

高感性——指的是观察趋势和机会，以创造优美或感动人心的作品，编织引人入胜的故事，以及结合看似不相干的概念，转化为新事物的能力。

高体会——则是体察他人情感，熟悉人与人之间微妙互动，懂得为自己与他人寻找喜乐，以及在烦琐俗务间发掘意义与目的的能力。

相关链接

今天我们全都属于艺术产业

高感性和高体会在全球各地的影响力都不断升高。为了加强说服力，我们不妨从一般认为最不可能受影响的地方说起。

以医学院来说，长期以来都是成绩最好、分数最高、分析能力最强者汇聚的大本营。但如今美国的医学院课程，却正经历二三十年来的最大变革。哥伦比亚大学和其他学校的医学院学生需要上所谓的“叙事医学”，因为研究显示虽然计算机也具诊断能力，但正确诊断很重要的一部分，却是聆听病患对病情的描述。在耶鲁大学医学院，学生必须到耶鲁英国艺术中心培养观察能力，因为懂画画的学生通常也擅于辨认病情的微妙细节。在此同时，全美有超过五十所医学院在课程内加入了性灵科目。加州大学洛杉矶分校医学院安排了一套住院体验课程，让二年级学生模拟生病，在医院里过夜。为何要让学生演戏？“是为了让医学院学生体会病人的感受”，校方表示。费城的杰弗逊医学院甚至增设了一项医生评比指标——同理指数。

看过美国教学医院现状，再来观摩日本的例子。日本从第二次世界大战废墟中重新站起，靠的是大力鼓吹左向思考，但如今连日本人也开始重新检讨他们的国力根本。虽然日本学生数理成绩领先全球，但许多日本人怀疑过度强调教科书的教育方式可能已经不合时宜。因此日本当局正在重新改造过去自豪的教育体系，以培养学生发挥创意、艺术品位和趣味性。也难怪，因为近些年来日本最赚钱的出口项目不是汽车，也非电子产品，而是流行文化。另一方面，有鉴于年轻学子面对巨大的课业压力，日本文部省也鼓励学生思考生命的意义和目标，推行所谓的“心灵教育”。

再来看看第三个例子——大型跨国企业通用汽车。几年前，通用找了一位叫罗勃·鲁兹的人来担任高层主管。鲁兹不是那种跟着感觉走、满口艺术品位的人。他满头白发、满脸风霜，年纪七十好几，美国三大车厂的主管他都做过。他看起来像个陆战队军人，事实上也真的是陆战队出身。他喜欢抽雪茄，自己开飞机，更深信全球暖化是环保人士编的鬼话。可是当鲁兹接下通用的职位，《纽约时报》请教他将采取何种新的经营方针时，他竟这么回答：“我强调右脑……我认为我们属于艺术产业。我们的产品是艺术、娱乐、行动雕塑。只是凑巧也是交通工具罢了。”

好好想想这句话。通用汽车代表的还不只是信息时代，而是更古老的工业时代，这样一家企业的主管，竟然自称是艺术产业。而且这位带领通用进军右脑世界的人，不是头戴扁帽手拿画笔的艺术家，而是年逾七旬、浑身阳刚味的前任陆战队员。套句水牛春田合唱团唱过的歌词：“这里变得不太一样了”—— 而这改变将会越来越明显：高感性和高体会已经从边陲，进占我们生活的中心了。

今天我们全都属于艺术产业。在美国，平面设计从业人数在10年内成长10倍，美术人员是化学工程师人数的4倍。1970年以来，全美以写作为业的人增加了三成，作曲家和演奏家则增加了五成。大约有240所美国大专院校成立了创意写作MFA学位。相较之下，20年前只有区区22所。今日从事艺术、娱乐和设计工作的美国人，要比律师、会计师和稽核人员还要多。

2002年，卡内基梅隆大学都市计划学者佛洛里德将3800名美国人列入他所谓的“创意阶层”，并宣称这些人是经济成长关键。英国分析师约翰·霍金斯以较合理的“创意”定义——包含设计、艺术表演、研发和游乐器产业等——算出英国的创意产业年产值接近两千亿美元。在此同时，伦敦商学院和约克郡水公司等单位都设立了常驻艺术家等职位。英国联合利华聘请画家、诗人和漫画创作者来启发员工创意。北伦敦一个足球球会甚至请了一位常驻诗人。

不过，传统上所谓的艺术才华，并非全脑思维中唯一的能力，也不是最重要的能力。回头看信息时代的职场明星——计算机程序设计师，随着公式化的软件编写工作外移，具备高感性的软件工程师将变得分外抢手。低阶工程师接手程序写作、维护、测试和改版作业同时，感性时代的软件人员将着重在创新和产品差异性。这些产品也需要被推销和包装给客户，经历市场竞争，凡此均非一纸规格单所能解决，而必须仰赖创意、个人魅力和直觉。

高体会能力——亦即关怀、照护、鼓舞他人的能力——在感性时代许多职业中至为关键。所谓的“关怀职种”——包括咨商、看护、第一线医疗服务——目前正是急需人才。

金钱与意义

就在工作转变为高感性和高体会的同时，感性时代带来的最大改变，却是发生在职场以外——在我们的内心和灵魂里。譬如对人生意义和性灵层面的追求，就几乎已经像双份大杯拿铁一样普遍。在美国有一千万成年人固定练习冥想，人数是10年前的2倍。另外有1500万人做瑜伽，是1999年的2倍。

美国婴儿潮世代老化——以及日本、欧盟更为明显的人口老化——也加速了此一变化。“随着年龄增长”，心理学家戴维·伍尔夫写道：“人的认知模式也变得较不抽象（左脑倾向），更为具体（右脑倾向），因而对现实感受更敏锐，情感更丰富，更重视天人合一。”换句话说，当人年老，看待生命的重点就转为生命目的、内在圆融，以及人生意义等年轻时汲汲营营而忽略的东西。

事实上已经有两位学者表示，这些关怀人群、努力寻找意义的婴儿潮世代已经成群浮现了。保罗·雷伊和雪莉·鲁斯在2000年一份研究报告中将5000万美国人归类为所谓“文化开创分子”。报告中说，这些文化开创分子占了全美成人四分之一，此一族群有很多特征都与右向价值相符。例如“文化开创分子强调综观全局”，报告写道：“他们擅长综合线索”，而且这些人“认同女性看待事物的方式，包括：关心他人的感受与想法；用对方的角度看事情；相信个人经验和聆听他人倾诉也是重要的学习方式；正视关怀的价值”。

迈进感性时代的婴儿潮世代很清楚自己的年纪。他们知道自己活过的日子，已经超过能活的日子，简单的算术事实，自然有沉淀人心的作用。追求名利数十载，财富的吸引力日渐消退。对他们以及许多同时代的人来说，人生意义已经取代了金钱。

这一切对我们来说又意味着什么？我们要如何应对感性时代？就某个层面来说，答案其实很简单。在一个富裕和自动化因素掌控的世界里，左向思考仍属必要但已不足够，因此我们必须熟习右向思考，学会高感性和

高体会技能。我们必须选择海外代工无法以低薪完成，计算机无法快速执行，而且可以满足优渥阶层美感、情感和心灵需求的工作。

——摘自丹尼尔·平克《未来在等待的人才》

有人说，奥巴马的演说逻辑性并不强，但感染力十足。所谓感染力，就是一种穿透内心的力量。而初级提案者，往往喜欢照本宣科，大约数十个夜以继日的辛勤耕作，对报告的逻辑、内容谙熟于胸，怀揣满满的自信与疲惫提案，却常常遇到像吴晓波完成财经三部曲后，在大学礼堂做完演讲时碰到横生而出的提问“什么是历史？”。睿智的策略报告提案者的最佳舞台，就是提案现场，台上三分钟，台下十年功。如果台上只给你一句话的机会，“刹那急智”则是台下无数个日夜笔耕不辍与勤勉思索的结果。有时候，一句话打开僵局，直击要害，无论随后的提案是否完全按照报告逻辑展开，都可以势如破竹。有时候，答非所问，一句话已经败象毕露，开发商根本不给你照本宣科的机会，连掷一串逻辑不相关的问题，直接将你三振出局。

这里讲一个自己职业上的小故事以飨读者。

中信・西关海

开启机构作为中信集团战略合作伙伴，2012 年同时接下中信集团华南区三个项目，分别是“中信・香樟墅”“中信・西关海”“中信・兰溪谷”的年度广告。我刚好在 2012 年 3 月到岗，原定是负责“中信・香樟墅”，且只需要每月出差一次。当时我的两个孩子刚满两岁，自己的工作室又常常收不到款项。这种情况在《金牌文案是怎样炼成的》一书中也有提及，中国在“知识产权保护”的道路上可谓举步维艰。我常常调侃，四大发明如果有“知识产权保护”，我们躺在老祖宗的功劳簿上就可以“风云雄霸天下”。可惜，

通行世界的规则是"布雷登森林体系"，由黄金和美元说了算。孔子的仁义道德被李宗盛的《凡人歌》以悠悠唱词冷冷调侃：道义放两旁，利字摆中间。

无奈之下，奶粉尿片，柴米油盐，我主动要求招安。在开启一个月，两次因为"中信·香樟墅"的提案和广告服务，受到甲方苏总的大力支持。工作推进原本十分顺利，对我来说，也是故意求了一个略低于实际能力的职位和薪资，毕竟孩子尚小，需要花费颇多心力照料，不是冲刺职场高点的最佳时机，我也只是要一份打工的安稳和稳定收入。

后来，对这段时光我的总结就是昔日清华大学蒋南翔的那句话：华北之大，竟容不下一张安静的书桌！

人若无名，专心练剑。我若干年不在职场厮杀，对人际关系博弈又不擅长。这时候，总经理和前任总监不断把本属于他们手中的工作堆到我这边。港剧警匪片最常见的桥段，新进牢房的，难免挨一顿打。回想那段时光，才看到当时自己所处的"局"，可谓"请君入瓮"。

就这样，我被摆了一道，总经理托病，让我去做"中信·西关海"提案。这个局我若不辱使命，属功

高盖主，背负莫须有之罪；我若提案不成，属纸上谈兵失街亭，正可以此驳回我的转正申请。

“匹夫无罪，怀璧其罪。”古往今来，这样的故事在书中、剧中，不知道看过多少遍！

当我坐在中信集团广州总部的会议室时，中原地产齐刷刷的人马杀到。西装革履，正襟危坐。报告提报的流程滴水不漏，对于多年前就在陆家嘴盛大金磐集团公司听过海外军团提案的我来说，这阵仗也是见过的。时光荏苒，盛大金磐的开发商撤资出境，我也因为一场重病，半休半作地在行业内随波逐流。此刻重回 CBD，又恰恰是珠江畔顶级豪宅，一时间感慨万千。

那年，老骥伏枥的汤姆·克鲁斯扮演重出江湖的伊森·亨特，以真身在迪拜塔惊人一跳。当时，我瞟了一眼窗外丛立的楼群，建筑为山，道路为水。城市大观，蔚然壮阔。

“中信·西关海”作为广州顶级豪宅标杆项目，始终面临多家广告公司觊觎，广告月费颇高，做好了是名利双收。而当时，房地产调控进入深水区，项目开展举步维艰，2012年国内政治经济形势微妙之局，中信集团内部也处于多个岗位升迁变动交替之时，不作为亦是常态。这对于乙方公司来说都是推进项目的掣肘。否则，上海公司总经理也不会放着大好的机会，给我一个新来乍到的策划总监去提案表现。事实上，华南公司新任的总经理吕总前几天还发信息“华南告急”，让开启总经理陈总必须参加这次中信集团的重大提案。

电视连续剧《康熙王朝》中老臣索尼托病不起的那几声咳嗽声时时缠绕耳边，上海公司总经理当时就是不停咳嗽，开始说我只要帮他带着团队把策划报告完成，提案他亲自去。到了提案前，他又在电话里连声咳嗽，说他实在去不了，让我披挂上阵。

当时，整个公司居然没有一个高管参加这次提案会议。而与我一同出席的，只有一个已经提交离职申请的创意总监。华南公司总经理

早已经乱了阵脚，只会发“华南告急”的求助短信，据说后来被老板大骂，让她永远不要再发信息给他。而我后来才知道，当时开启陈总正在大连“远洋·钻石湾”的销售代理竞标。

中原地产提案之后，会议室里鸦雀无声，似乎等着看强弩之末鞭长莫及的开启机构闹笑话。广州中信林总问了句：“你们老总呢？”华南公司总经理吕总说：“生病了。”一般而言，新将走马上任，总要有个说法，而我临阵挂帅出征，却是无人举荐，直接披挂上阵。吕总也不懂得花花轿子人抬人的道理，职场新任总经理，职业装、新手机、新车……武装到牙齿的装备，衬得她意气风发，哪里想得到抬举别人。接林总的话时，我真想用头带三条黑线的图标表示一下内心的无奈。果不其然，林总第二句话劈面而来：“你们广告公司的人还真是不经折腾，动不动就病了。”吕总不知如何作答，已经被将在那里。林总不等吕总缓过青一阵白一阵的脸色，第三句话凌厉而至：“生的什么病呢？”吕总已经来不及措辞，勉强应道：“发烧、咳嗽。”林总呵呵一笑：“哦，又是发热？”带着几分不信和揶揄，当时会议室里座无虚席，“中信·香樟墅”的总经理兼集团营销副总也坐在那里，都等着看这出败象毕露的戏何以为继。

谈判、提案，如两军对垒，最最要紧的是在势上见高下。吕总好似上前叫阵的主将，林总出面应了阵，只寥寥两三句问话，已经把叫阵的吕总逼到了死角。当时我坐在吕总下手，所谓不在其位不谋其政，她若从容应对，我本不必锋芒毕露，也不需要担这“越位”和“出风头”的名声，可是我们赶了半个月的策划报告，手下几个文案挑灯夜战，即将离职的创意总监还特意陪我一起过来提报。总不能还没开腔，已然铩羽。

在商务谈判场上，有一项不成文的规定——王牌对王牌。这就是对方发函，请开启陈总到场的原因。而陈总没来，上海公司总经理也缺席，我一个新来乍到的策划总监出征，从商务礼仪来说，已经是失礼了。我见势如此，不开腔几乎是见死不救。于是接着林总这句“又是发热？”拿过提报话筒，答道：“房地产越热，我们越需要冷思考；房地产越冷，我们就得发点热。”

全场那些带着讪笑神情与冷眼旁观的甲方各路领导和中原地产代理公司的人这时候忽然静了下来。我接着这刹那的寂静，说：“人的成熟在于悦纳自己，城市的成熟在于悦纳各种文化。”这句话攻防相济，既把这无谓的寒暄对我们提案极为不利的开局引向了项目，又把林总不太友好、略带挖苦的话给堵了回去，意思是悦纳自己和别人的人，就应该大人不记小人过，希望不要对我们商务礼仪上的失礼穷追猛打，作为担起广州地标项目的老大，林总更应该有此城所显示出来的大气与大局观。

接下来的提案并没有从报告的第一页开始，但我一气呵成，丝毫没有被打断和质疑，报告本身做得也是很花心思，将西关大屋的文化与顶级豪宅的气度糅于一处，兼顾深度与大气。提案过程中，我将做汤臣高尔夫别墅时“只献给事业巅峰的成功人士”，以及黄浦江畔豪宅盛大金磐“大风起兮云飞扬”的入市策略轻描淡写地带过，整个提案一气呵成。若有“一战成名”，这或算是。若说昙花一现，这也正是。

提案结束后，吕总说从来没有见过林总这么高兴，提案的成功可想而知。这就像一场战役，关键性的决策就在刹那间，一场比赛决定胜负的也就这一个球。当时，外行可能看到的只是那份沉甸甸的报告以其如何华丽的姿态逐一呈现，又是如何在我滔滔不绝的阐述中言之成理。而作为主要提案人员，我却非常清楚，这场提案风云突变的关键性时机，就在应对林总将军的开阖之间。

兵家常说，最好的战役是“不战而屈人之兵”。可惜人们常常愿意看见像木马屠城这样由武将引发的、血流成河的悲壮史诗，却记不得那些谈笑间樯橹灰飞烟灭的文臣，不是记不得，是有时候根本就不着痕迹。像诸葛亮坐在城楼上抚琴一曲退兵三十里的谋略与胆略，大概只有小说里面略有记载。事实上，伍子胥的阵、诸葛亮的计、鬼谷子的术、曹孟德的谋……古往今来，许多“不战而屈人之兵”的雄才大略，早已淹没。小时候，崇拜那些彪炳千秋的大英雄，后来才知道，历史大多数是史官根据当时的政治环境选择性记载的。随后又一度沉迷于烽火硝烟里的战地记者，渐渐放宽视野，了解了每一个刹那，见仁见智，新闻无论如何想要客观真实地还原真相，也只是管中窥豹。

提案成功后，并没有立刻收到上海公司总经理的来电。下午四点钟左右，终于接到他的电话，要求我留在广州驻场。我说当初入职时谈好是不外派的，家里两个孩子嗷嗷待哺，这个要求我无法接受。对于许多人来说，这个机会或许难得，广州提案可谓一战成名，林总想必也是颇夸了几句，又问了我的来头，这时候点将驻场，是多少人求之不得的机遇。可我执意不肯，上海公司总经理在电话里扔下一句：“提案不错，接下来年度活动都要由媒体配合，包括《南方周末》的几个重要记者，你要么留下来把这些媒体对接工作处理妥当，要么就离职。”

职场上有多少这样的明争暗斗、角力绞杀，历史上有多少这样的杯酒释兵权？每个人之所以成为他自己，也就是在那些关键性的抉择面前，做出别人无法做出的取舍。当时我断然决定，我不会留在广州。应了李白那句“安能摧眉折腰事权贵，使我不得开心颜！”虽然当时一份安稳的工作对我来说很重要，重回职场，一个精彩的项目也许能让我载誉而归，但几经浮沉的我，已经见过几轮开发商撤资出逃、锒铛入狱、瞬间破产、壮志未酬……在家庭和职业之间，我有自己取舍的原则，或有宿慧。总之，面对这种逼宫式的胁迫，我能有当时这样的果敢，并非偶然。

1999 年，大学毕业前夕，修正药业在汇统影视制作公司做广告片。我当时是兼职文案，隔壁就是深圳国企。提起“深圳国企”，只有入行够深的人知道那是万科的前身。

当时的修正药业有另外一个名字“康威药业”，由于和运动品牌康威重名，面临更名。其拳头产品胃药斯达舒在央视的广告片由我们公司承接。来自香港麦肯光明创意总监 Brain 的几轮提案都没有通过，这时候我在做毕业设计，公司到学校自行车大概十五分钟车程。港资公司福利极好，每天中午可以点菜。香港来的高级技术人员个个像从港剧里跑出来似的神气十足。可是数轮提案迟迟拿不下，而我无意间的一个脚本方案却顺利通过了。得知此事的时候，二十出头的我也曾是志得意满。后来公司让我去通化总部提案，我刚好毕业答辩，不能跟上海公司总经理和创意总监同行。只好让南京分公司关总来上海与我同去总部提案。答辩结束后，我兴致盎然地第一次坐飞机去往北国边陲提案，也是第一次知道自己在情急之下，会以“急中生智”扭转局势。

那次与创意总监Brain一起参与的提案顺利通过后，我又接到一项新的工作指令，公司还要做一个企业文化宣传册。CIS（Corporate Identity System）在1999年是只有大型集团公司才十分重视的一项长期战略部署。Brain递给我一份恩威药业的品牌手册，说康威药业此次更名和转型，也要做一份这样的CIS手册。

在《金牌文案是怎样炼成的》一书中，我略提到用“仁、义、礼、智、信”作为康威药业更名后的企业文化总纲。当时这个想法只是在董事长办公室“聊聊”，这一聊，聊到修总的神情从阴云密布到红日初升，带着我在厂区足足转了一个小时，出来的时候，修总的秘书说，从没见过老板这么高兴。

后来，修总到上海签合同，甚至直接当着汇通影视制作公司陈总的面挖角，令尚未毕业涉世未深的我十分尴尬。总经理在“小南国”请饭，修总端起酒杯递向我，让我到他们公司做企划负责人，具体什么职位我记不清楚了。我扫了一眼整个圆桌，只有我一个初出茅庐的小姑娘，青涩懵懂，呆头笨脑。这酒我如果喝了，就代表答应了，我若不喝又成了不给甲方大老板面子，而此时陈总就坐在边上，默不作声。我迟疑地端起酒杯，然后，也不知道哪里来的胆量，学着电视里的洒酒祭英雄，把这杯白酒全部洒在了小南国绯红的地毯上。

瞬间大家被我这突如其来的“壮举”给雷到了，整个席间鸦雀无声，而

我却已经是覆酒难收，嘴里朗声说道：“祭南斯拉夫大使馆死难记者。”当时是1999年，中国驻南斯拉夫大使馆被炸。接下来的一幕颇有戏剧性，修总跟着把杯中酒也洒了，也说了一句：“祭南斯拉夫大使馆死难记者。”接着整桌子男士都陆续站起来，开席之前介绍过，都是集团高管或某省的省总，某地级市的总经理，集团旗下营销公司总经理，等等……希望这白酒品质够好，就像化学课上老师说过的那样，会完全挥发，而没有给小南国的清洁人员带来麻烦。这件临时被“挖角”的事情，就这样被我含混挡过去了。

12年后，开启上海广创总经理再度以辞职逼宫，红尘梦影，历历重现。三天后，公司总裁陈总一纸调令，我已北上大连，从企划岗调任策划岗，直接派驻刚刚竞标拿下全权总代理的“远洋·钻石湾”。本来说好不肯接受外派的我，这时候为答谢他的一番知遇之恩，毅然登上再行北国的航班。经历一个多月夜以继日的开盘筹备期，项目三天公开销售16亿元，成为2012年全年度总冠军。

人生如棋，每一次选择，都是博弈。后来，在“钻石湾”的庆功宴上，陈总告诉我，为了把我调到大连，上海公司总经理曾以辞职相逼。所以，“钻石湾”开盘大卖，我也算是答谢了陈总一番美意。至于后来，该项目对来自京沪两地高管的奖金分配方式，皆以令人无法想象的方式不了了之，我已无意去争。于我而言，在做这件事情的这个当下，用心去做好，无愧土地的眷顾，不枉斯时与那个“临时剧组”的一场合作，便无愧于心了。

“临时剧组”这个比方，在《金牌文案是怎样炼成的》一书中提到过，每一个项目和当时的团队，颇似一个剧组。项目清盘，就像剧目杀青。再强大的阵容和制作班子，再经典的剧本，到后来都是要杀青的。流芳百世不敢想，至少对得起自己付出的时间和汗水，叫不叫好，叫不叫座，都不是个人一厢情愿可以左右的。2015 年春节，在抚顺万达看上映的《狼图腾》。一直等到人群散尽，字幕缓缓爬升，看到影视剧少有的“招聘团队”一栏。想起 2012 年堪称恢宏巨制的一百万方“钻石湾”开盘，招聘百名置业顾问。直到后来自己开办公司，我才对后勤部门的重要性有所重视。有一次和开启机构的 VP 屠老师说，以前只知道公司大 BOSS 厉害，听说某次提案，不知是策划团队没有准备好还是网络故障，报告没传到现场，大 BOSS 匆忙写了六页纸，给开发商讲了两个小时。大学硕导出生的背景，和绿城宋卫平很像，层层剖析，听得开发商入了神，真就把项目谈下来了。策略做到这个程度，叫作化境。不依赖于任何报告和数据，也不拘泥于任何形式。

我的职场经历，同样是出身广告，随后深入策划，对这种提案神功有着天然而无法抗拒的钦羡，相反并没有太多关注人力资源、行政、财务这些支持系统。初创 Colorbar 儿童视觉艺术中心的时候，我对课程研发、暖场活动、品牌形象等领域驾轻就熟，比较快地在周边竞争激烈的培训市场立足。当初选址时，创业合伙人和我说，这个地方做不出来，隔壁一边有英语培训、一边有大规模晚托班，晚托班里也教绘画，又和一些幼儿园、小学建立了长期合作关系，有稳定生源输送，还有一家连锁钢琴培训机构，赫然写着全国第15家连锁店。我淡然笑笑，告诉合伙人，如果照你们的逻辑，做房地产的，只要有万科、绿城、星河湾在隔壁，那么都不要造房子了？可是就算拿土地的时候避开了万科、绿城、星河湾，等你造了一半，却发现隔壁土地被中海、中信、远洋、保利拿下来，那是不是也该缴械投降？合伙人要么来自连锁机构一线工作岗位，要么来自教育机构一线教师，缺乏战略思考的高度也是常情。我问过这些问题之后，他们不知道怎么回答，我才开始跟他们讲市场不仅有“竞争”还有“竞合”。“竞合”就是规模经济的一种体现，如果整条街都是做教育培训的，那么，以后想给孩子报班，周边居民第一就会想到这条街。

就像上海的福州路，新中国成立前叫四马路，那个时候想找“小姐”，就去四马路。新中国成立后，福州路成了文化一条街，人们想买书籍、纸笔砚墨，凡是文化用品，首先想到的也是福州路。我希望我们所在的整条街不要恶性竞争，大家各做一块特色，形成竞合关系。两年后，那家晚托班的绘画课程关闭了，钢琴机构的创始人亲自到我们中心来参观，这时已经与我在探讨音乐和绘画的联合课程研发，也就是让孩子一边画画，一边欣赏相关的音乐。

譬如说，在画山水的时候听古琴曲“阳关三叠”，画牡丹的时候则聆听古筝名曲“春江花月夜”，画水上游乐场的时候听久石让的钢琴曲“Summer”。秋季捡回落叶，做树叶画的时候，背景音乐放维瓦尔第小提琴曲“四季”……但凡熏陶灵性的，不必相互排斥、割裂开来分科而学。甚至，钢琴机构创始人施总请来丹麦皇家音乐学院的作曲家，根据孩子的特点，为我们的课程系列专门编曲……这项工作耗时也耗精力，我们却一拍即合。回溯当时创业合

伙人说隔壁是有着全国十几家连锁的机构，是我们无法企及的竞争对手，而事实上，我和施总一见如故，在儿童艺术培训领域有着高度认同，这才有了之后的合作课目编曲和同步课程。这里的一些细节涉及知识产权保护和商业机密，不逐一展开。在《无界》这本书里谈到这样一个细节，是希望做策略甚至战略研究的从业人员，能透过扑朔迷离的表象，洞悉事物本质。

什么是事物本质呢？很想引用道家说的“道可道，非常道”，这句话看起来玄而又玄。事实上，就是道家所说的大道至简，大音希声。好的策划必有一个策划原点。所谓道生一、一生二、二生三、三生万物，又一说叫太极生两仪，两仪生四象，四象演八卦。这里，再次提到在《金牌文案是怎样炼成的》一书中，有“文字般若”和“伏羲造字”的章节。我希望看《无界》这本书的读者，有那么一点点释道儒文化的基础，这样来看这些内容不会太过违拗生涩。儒家谈进取，故有“半部《论语》

治天下”“学而优则仕”，崇儒者多以居庙堂之上为人生辉煌。“穷则独善其身”其实是不得已的退处，囊萤刺骨，多是希望“朝为田舍郎，暮登天子堂”的，“达则兼济天下”方是十年寒窗的出路；道家关注人与自然的关系，才有了“人法地，地法天，天法道，道法自然”。我在“佘山月湖山庄”的合作者之一廖亦冰先生的著作《易经解密》，就是一部现代人根据周易来解析卦象与风水的书籍。很多策划公司喜欢让不同的人去完成策划报告的不同部分，像汽车拼装一样，最后阶段集成，甚至有许多可以套用的模板。这种模式在业内十分普遍。但是最后呈现出来的却是无法统和在一个思维域里的报告。许多代理公司的提案，一出场就是一大班人马，张三说市场分析，李四说价值点梳理，王五说广告和媒体策略……在房地产咨询行业，最初以策略板块来进行分工的专业人才，限于彼此专业的不融合，在专业术语和知见上各见树木而不见森林。

教育界的有识之士，也在重新反思和审视“分科教育”和“通识教育”的利弊。我一度以为“分科”是西方教育舶来品。因为在中国，儒家的系统化教育有“六艺”，也就是礼（礼仪）、乐（音乐）、射（射箭）、御（驾车）、书（识字）、数（计算）。

不久前，读到美国耶鲁大学金融学教授陈志武先生的一篇著作，谈到美国从幼儿园就开始进行人文、通识教育。并谈到，在耶鲁有一门由历史系教授开出的大课，叫“大策略”。由两位研究世界历史最出色的教授轮流讲，涉及孙子兵法、管子经济、古希腊策略。

任何一个在耶鲁读完四年大学的毕业生，如果他从耶鲁毕业时，变成物理、电脑、化学或者是任何领域的专家，我们会觉得那是一种失败。

——陈志武

这样看来，在房地产策划行业出现拼装方式，是受到现阶段教育环境和人才培养方式影响而形成的。使用各种工作计划，甚至“滴答清单”这类工作手段，扼杀深入思考的能力，当信息不再稀缺，提出策略并解决问题的关键性能力，是把碎片化的信息归类、排列、整合聚焦。

有一篇关于霍金和他前妻的文章——《万有理论，婚姻无解》。文章介绍 2014 年 11 月 7 日在美国上映的《万物理论》(*The Theory of Everything*)，一个是无神论者，研究黑洞理论；另一个却是虔诚的基督教信徒。电影把他们的爱情故事拍得很唯美、很励志、很浪漫，但是他们后来的真实婚姻以失败告终，令人感慨。霍金是理科男，而陪伴这位举世闻名的无神论者长达 25 年的妻子简却是个文科女，研究西班牙文学的博士。这位陪伴世界知名的无神论者长达四分之一个世纪的文科女也是一个相信上帝创造了宇宙万物的基督徒。简照顾霍金长达 25 年，每天 24 小时看护，把轮椅推到世界各地，操持家务、照顾三个孩子。当霍金对信仰嗤之以鼻时，简说：“我跟霍金一起生活就是以信心为根基。”1990 年，霍金宣称爱上了照顾他的年轻私人护士伊莱恩而跟简离婚。简竭力想挽回婚姻，却无法接受霍金提出的跟家人和“小蜜”轮流同居的条件。感兴趣的朋友可以去查看相关文章，而我在这里引用到这一部分，是想说明：

昔日尼采有言“上帝已死”，现在霍金在《大设计》第一页上就宣称“哲学已死”，因为“哲学跟不上科学，特别是物理学现代发展的步伐。”这是一个极为傲慢的“宣言”。《万有理论，婚姻无解》大概很好地把《男人来自金星，女人来自火星》进行了诠释。或者说，霍金和简的世界，就是在隧道两端分别开挖，他们分别从科学和哲学的两个端头之间挖一条虫洞的通路，而最后在各自的方向上逐渐放大偏差，隧道最终没有挖通。

然而，《无界》所想要传达的是一种近乎“道”的理念。在策划界，开启陈总是业内的名嘴，如果套用一个佛教名词，算是“辩才无碍”的“通儒”。这个“通”，在于他已经在多年实战经验中总结出了一整套理论，开启人把它简化为“极、场、汛、能、波”，这是陈总的心法。简言之，是用物理学的“极”与“场”来造势，在势能之上来成“市”。策划界，会玩文字游戏的人很多，真正有逻辑推演项目的高手却凤毛麟角。“势”与“市”都做不成的，最后沦为三流写手，拼凑策划报告，只留下招式的“式”。真的拿这些“式”去做大盘，是要玩出人命来的。

2014 年 8 月，我受某大连开发商的邀请去看项目。那个项目在三江河的入海口，地理位置极佳，但开发陷入僵局，好似已被人开膛破肚，鲜血直流，连止血钳都不知道该往哪儿放，每天就在烧钱。10 亿元自持资金已经砸下去七成，剩下的三成仅够付利息。大盘开发，资金链是生命线，项目开发序列出了问题，严重误诊，总经理被撤换。这个行业让我伤透脑筋也看透人性，离合悲欢，生死贫富，玩得太大，后来就像赌局。

《金牌文案是怎样炼成的》出版后，一个同事说，这些绝活，人家都不

传，你怎么都写来出版呢？我笑了笑，房地产是一个时期的产业，何况我已经不再以文案为生，能够帮助一些职场新人，或者让二、三线城市从业者少走些弯路，也是荣幸。发行量有限，售罄之后并未再版。此时《无界》付梓，我也已经整合了策略和战略思考的十余年心路，就算有不足之处，或许是给后来者一个台阶，好去跨越。

《容斋随笔》中，对于写书以飨来者的谈论深得吾心。写书的人如果不是为了出风头，而是把所思所悟用文字留存下来，给后来者作为凭借，好比台阶，这才构成人类进步的阶梯。如果各自藏匿，不好意思示人，或者怕被人嘲讽讥笑，或者怕别人学会了自己的本事，难免有些小家子气。但凡成文，就有人评判，批评别人容易，自成一体不易，有人喜欢做前者，因为嘴皮子一翻，找个破绽一评，立刻显得见解高妙。

书是纸媒中最为贵重的形态，我常喜欢拿影片《后天》中，人们冲进国家图书馆，在寒冷的世界末日，烧了精装的书籍取暖来打比方，曰“燃字取暖”。冰冷的高科技，在广告片里，常以冷蓝色调呈现，如宇宙五音，也如浩瀚大海。而文字和纸张，却常常伴随着古老的烛光，带着暖意。无质量的字节提供不了这样的暖意，带着温度与情感又颇费周章的书籍，却以其厚重的质量与存在感，抵抗着数字化时代的无边冷寂。

而我在策划中所领略的“道”，恰恰是人性中对冷暖悲喜的体悟。在《心经》中，将“色、声、香、味、触、法”应对人的六根“眼、耳、鼻、舌、身、意”。那些通感型的作家、画家以及音乐家，其实就是打通了任督二脉，或借文字，或以音像，以六根摄六尘，启人内心七情六欲，将文字、图像、音符投射到心灵幕布上的人。

六六也好、韩寒也好、三毛也好、严歌苓或者金庸也好，近代影视诞生以来，无论哪个时代的作者、何种题材，其作品到后来都会逐以影视呈现。在我看来，是平面文字不足以承载的情感信息，要通过更多维度的蒙太奇和声光电来呈现。

随着技术进步，策划报告提案的手法，已经从平面文字，渐渐出现了

PPT和短片，甚至多媒体的应用。随着表现形式的大踏步突破，我仍旧想告诉从业者们，如果电脑突然死机，或者停电，或者网络无法传输信息，像开启陈总这样能够用六页纸通盘演绎项目，现场拿下标的的，又有几人？

好比从冷兵器到精确制导的导弹，那些遗世独立的真功夫，还是令人惊叹不已！而能够在激战中，直指要害，一击制敌，才堪称佳话。这状态，有些像武侠片里徒手夹住子弹的武林高手，令人拍案叫绝。兵器是一寸长一寸强，武功则是一分快一分绝。扑点球的高手比的是心眼，徒手夹住子弹的武功大概只有电影特技里才得见，但是提案的时候，面对诘难，比拼的却是头脑逻辑的强大与转速。

这里想拿《罗辑思维》里的一个例子来说说逻辑的“强”与“快”。在《罗辑思维》里，罗胖也喜欢炫技，如果跟不上他的“罗辑”，很容易陷入圈套。比如，他在谈论环保话题时说，从无远弗届来看，地球就是一颗尘埃，而我们谈论的环保问题，其实是在谈论在一颗尘埃上打扫卫生。这个“罗辑”可谓是对人类大呼环保的极大讽刺，如果你的心先被他带到无远弗届，还神驰在浩瀚星空的图式中，他已经把镜头拉回到你身边。当然《罗辑思维》没有出版之前，是一档脱口秀。央视出两种人物：嘴皮子和笔杆子。嘴皮子快的如罗胖，你心识还未归元，已经被他唬晕。如果你住在无远弗届的星球上，跟你谈地球上的环保的确毫无意义，可是你不就住在地球上吗？佛经虽然说有三千大千世界，且一一毛端三世海，但是你自己的坐标又在哪个毛端？禅宗说“一沙一世界，一叶一菩提”。见过米粒上的微雕，也见过显微镜下的结晶，确实可以说“一沙一世界”。但你并不在米粒上生活，也不在显微镜下作微尘，而环保所谈论的，是你我生活的这个世界。

思维快的，快如闪电，内存大的，芥子纳须弥。书到今生读已迟，书到用时方恨少。提案时候，比的就是念头的速度，你准备充分，一以贯之，由“极”致“场”，由“场”成“势”，由“势”生“能”，就不会自乱阵脚。

2014 年，我随几个资深驴友深入藏地，走大北线，直达世界第三极“普罗岗日冰川”。那年，我对“极”“场”理论有了深刻体悟，甚至好几次想回开启跟陈总说说这个话题。可惜各自奔忙，总不得其机。真要打个电话寒暄两句，找机会谈策划理论，又显得太过唐突。那些在旅途中思考和领悟的东西，等到回来整理成文，又过去了好多时日。这个过程中，丢过电脑和手机，这些资料时间跨度之大，空间宽度之广，思考维度之丰，使我每每不知从何下手，又该从哪里缝合。想起一个手工极好的姐妹，每次看她串珠编结都觉得是种享受，将各种材质精心编织在一起，毫无违和感。她是个精致的女人，如果是个男人，用这样的智慧和审美去做建筑师必定是个中高手。话说到这里，再次想到女建筑师扎哈。在男权社会里，作为女建筑师的成就无人出其右。

事实上，我是对“极、场、汛、能、波”的说法有了自己的看法。有一极，必有一场，有场必有场能，场能是聚客的必要条件，但不是充要条件。

陈总提出“汛”，其实是另一个层面的话题，就是政策窗口期或者传统意义上所说的“金九银十”等外界条件。在项目自身塑造成“极”并聚集了一定“场”的情况下，借助这种“场阈”和“汛期”的叠加因素，形成一种“势能”，再因势利导，成为传播的“波”。五字诀好念，能领悟这五个字分别处于何种内外部条件之下的人，在开启寥寥无几。当我听到这个理论时，带着惊叹，还要装几分低调，所以拿六祖惠能去见五祖弘忍做比。我说弘忍惊讶惠能半部《金刚经》开悟，让他去伙房烧火，其实是为了保护衣钵传人。至后来惠能与神秀分别呈上各自开悟偈，高下立判。

神秀的“时时勤拂拭，勿使惹尘埃”和惠能的“本来无一物，何处惹尘埃”，是见解和修为上的差异。我在《金牌文案是怎样炼成的》一书中提到“文字般若”，而在禅宗的偈颂中所见的常是心性的“观照般若”，此即如是。在这个层面上，许多策略都是由心识流出，以六根应对六尘，就像初涉广州中信林总提到的“公园地产”代表项目“中信·香樟墅”。策划团队在广告中也是用六根来推演，分别以“眼观南香山第一缕晨曦，耳闻翠林间声声鸟啭，闻见香樟特有的香气，踩着山林间绵软湿漉的草地……”，引出广州郊外惬意的生活意境。再往深处，描摹了歇下一周疲惫的天河区高管，驱车40分钟，带妻女驶入增城，与高尔夫球友们度过惬意周末的生活场景。通篇文案不仅一气呵成，也把近郊离尘不离城的“5+2”生活方式全然展现。所以，后来开启广创的同事告诉我，在总是以“刁难乙方为乐事”的“中信·香樟墅”总经理苏总那里几乎是破天荒的一次性通过。

也正是基于此，就我对开启“极”“场”理论的理解，生发出以下三个层面：一，极与场；二，情与境；三，型与秀。

这层理解一直没有机会成文，在忙碌的工作与反复无常的创业期间，久久横亘脑际。其实，在2013年初，这一思考已经将“中信·海港城”用一部宣传片呈现出来了，把项目灵魂与生活情境熔于一炉。宣传片的制作过程由开启陈总亲自督阵，就像前文所述，文字到后来都觉得容纳不下多维度的信息量，借助声光电多维度展现成影视作品，大约是每个文字爱好者的终极梦想。而“中信·海港城”作为我在行业内的收官之作，倾注了我极大心力，更有陈总在关键镜头切换和视角转换时，以大开大合之势拔出高度，张力十足！2014年8月，看过该片的大连某开发商辗转找到我，开出年薪180万元。随后不久，

俯瞰钱塘江，有着杭州封面豪宅之称的“银杏汇”某总悄悄约我茶叙，并且通过对资源、土地、团队、资金各方面的数据让我试着在“想象空间”里再上一层楼地去揣测未来的各种超预期收益。这一年，大连项目言必称王健林，杭州项目言必称马云，北京项目言必称潘石屹。我好像离这些在当代中国神一样的存在者仅隔着一层不算太厚的朋友圈大气层。但也恰恰就是这一层从电离层到平流层的大气层，令我深感窒息。

汛与波分别是外因和延展，并不在上面所述的三个层面。

而在给万科做大橡塑厂的项目土地研判时，开启陈总也提过“找魂、塑形、慧迹”三个层面的战略主张，恰恰是从项目总精神这一形而上的层面一直落实到产品塑造、广告传播这些具体的、形而下的具体执行层面。

在中经堂做养生行业品牌总监的时候，一个有着中医养生行业多年经验的前辈告诉我，“精”“气”“神”其实是能量的三种状态。“精”是先天之本，随后生发为“气”，“气”的精华成了“神”。理解了能量的三种状态，对于从“形而下”到“形而上”的层面就能够明白了。再以此推演项目的能级，就可以对项目所处于的能级来定位报告所需要的出招。

事实上，世界上所有的事物都可以用能量来解释。而“极”与“场”是项目的最高能级状态。并不是所有项目都有成为“极”的条件，此乃天时、地利的和合。

往下一个层面，是“情”与“境”。缺乏人文关照的内涵与觉知，在这个层面往往是弱项。“我看青山多妩媚，料青山见我应如是。情与貌，略相似。”据说开启机构刚入大连时，给某项目定的广告总精神是“才入城市，又见青山”，而“中信·西关海”的广告总精神是“龙游四海，荣至西关”。这些广告语是情与境的交融。

最后，在“型”与“秀”的层级，是大多数策划报告致力于解决的问题。这是皮毛，是外相，是所有外延的形式。

一本书是否畅销我并不以为意。开篇提到过臧杰老师的签名前面，写了“书是最好的朋友”。两部出版物，若衡量经济价值，实在是耗时费力又贴钱的买卖。但说到由此结缘的朋友，却是千金不换。时光荏苒，不知不觉间，我从电影一结束就匆匆离席的过客，成了一个喜欢在巨幕缓慢闭合时才步出放映厅的看客。

毛泽东的词“惜秦皇汉武，略输文采，……一代天骄，成吉思汗，只识弯弓射大雕。”这正暗合“英雄”之谓。所谓英雄，我的理解是既要有英才又要有雄才。英才为谋，雄才为勇。英分多雄分少者，类似于诸葛亮等文臣；雄分多英分少的，则如西楚霸王。天下英雄，在毛泽东眼中，是“俱往矣，数风流人物还看今朝。”

作为在一个地产从业十余年的老将，我也是因为一些特殊缘由，才在这个项目中亲自捉刀执笔。行业内，许多做到总监的，是三十年媳妇熬成婆，最后不肯写文案，只肯动嘴皮子。动也是不肯多说，说多了，错的责任是要自己担着的，所以宁可让手下人试错。情况越紧急，这些专练嘴皮子的中层就越误事。

2014 年，《阅读大地》在上海书展暨“书香中国”与读者见面，以及中国藏书票协会和良友书坊举办签售会。在上海展览中心上海书展暨“书香中

国”签售会上，一个已经退休的老人家告诉我，他是国内第一批导游资格证持有者，多年来，在做导游和旅行工作中也有许多思考，只可惜没能像我这样把点点滴滴的心路和思考记录下来。而在中国藏书票协会的签售会上，又一个须发花白的老人家，拿着他的版画作品来交换我的签名书作。这让我想起了中学时候热爱集邮，会拿自己的邮票去和同学交换。老人家赠予我的版画是一幅江南的小桥流水。随后又递给我一张名片，我才知道，他是国内知名的版画家丁金胜先生。只是版画圈子很小，而真正的老艺术家并不热衷于各色应酬炒作，所以大众并不熟悉。在之后青岛良友书坊的签售会上，我又结识了毕业于中央美院的小友安培。

安培当时签售她的第一部绘本——《人之初》，为我的《阅读大地》做藏书票的上海版画家陈晓云女士也受邀一起到了青岛。我和良友书坊的不解之缘还要追溯到我在开启机构外派青岛期间。当时银杏正黄，落满书坊前的人行道，“碧云天，黄叶地”，那个领我去书坊的美丽姑娘的一个转身，定格成我对青岛的丝丝眷恋。当时正为青岛远洋地产的地王项目做顾问，被青岛的人文历史深深迷恋，也反复思考着。刚好同事拿来一本《石阶路上的青岛》，和冷姐说起来，才知道，一些记者、作者竟然都是良友书坊的座上宾，书坊里珍藏着这些大家的签名书。同事当时告诉我，《石阶路上的青岛》已经售完，他是在一个旧书摊上好不容易淘来的，让我看了以后一定要归还。清人叶德辉说：“书与老婆概不外借。”大致表明了读书人的某种心境。我当时已经对浮躁的房地产广告深深厌倦，尤其是在上海财经大学完成了硕士论文《上海房地产广告的研究（1990—2010）》和《金牌文案是怎样炼成的》，对房地产广告中流行的煽情而浅薄的文风产生了厌倦之外的深刻质疑。平面媒体一度在房地产广告中占据很大比重，户外高架和机场通道、电梯里的框架 2.0 和报纸上的整版彩色、杂志上的封面封底，是一度被房地产广告垄断的位置。那些 PS 出来的图片，加上精心推敲的煽情文字，不知道为以房地产为支柱产业的那几年，直接或间接地为 GDP 贡献了几个点！但以我个人的从业经历，已经开始对追求“眼球效应”和“视觉冲击力”的房地产广告陷入深深反思，而对具有纪实性、客观性、人文关怀的新闻图片和文字更有了一种偏好。这也就是我对《石阶路上的青岛》尤为喜爱的原因。可巧，艳姐随成人之美，帮我向作者要来这本绝版书。这件事情，说小可小，艳姐的说法是举手之劳。说大可大，令我认真思索媒体和文字、图片的力量，因它们可穿越时空，故不可懈怠轻慢。

尽管这个时候，电子书已经呼啸而来，裹挟了各种年龄段的读者，我仍旧看到一些人固执地爱着纸质书，甚至还会到旧书摊上去淘旧旧的黑白书。我常常跟朋友说起良友书坊，如果到了台湾，你只知道日月潭和蚵仔煎，而不去一次台北故宫和诚品书店，实在是错过了深厚的文化。那么如果到了青岛，良友书坊也是堪比这座城市的文化客厅。所以，当看到臧杰老师的《民国美术先锋》和《民国影坛的激进阵营》，我毫不犹豫地买来请他签名，臧杰老师一挥而就——“书是最好的朋友”。

所以，当 2014 年我和安培在良友书坊的签售会上互赠了书籍，也由此结下了一段美好的缘分。2014 年夏天，安培辞去河北省电视台的优厚工作，参加完在上海举办的第二届国际童书展签售会，便远赴意大利深造。

文学和艺术工作需要以纯真、热忱作燃料，而“十八大”之后，在大力发展文化创意产业的大旗之下，我想起书柜里一本尘封已久的书——《繁荣的警示》。作为经历房地产业荣衰更迭的一名从业者，对《无界》的出版，我始终抱持审慎。把手中的策划报告集结起来，完成一本几十万字的出版物可谓信手拈来。但淹没在茫茫书海和文字丛林里的类似作品早已浩如烟海，我在个人博客中曾回应过“大 V”李开复先生在微博上发出的问句“纸质书会不会消失？”原文摘录如下：

既然纸媒会成为“贵媒体”，那么，自当贵得其所。记得科勒有个电视广告，大意是某建筑设计单位与委托方会晤，问委托方有什么可以效劳？委托方拿出一个龙头放在桌上，告诉建筑设计单位“造一幢楼，配得上这个龙头！”。而我只希望，印在纸质书上的这些图片文字，相得益彰，配得上那些被砍伐的树木，亦配得上大费周章地熬成纸浆、装订成册、配送上架。

“无界”两个字，来自佛教“无远弗届”。在“跨界”大行其道的时代，动辄影视歌三栖明星，动辄金融跨界互联网，一个名不见经传的作者，提出“无界”这个选题，确实颇有些狂狷。

然而，从我的学历背景和职业经历细细剥开，倒也可以说得出几分道理。

首先，用两分法。从专业背景看，我有工科院校材料工程专业的工科学士学位和财经院校经济新闻专业的文学硕士学位，前者大概主要用左脑，后者主要用右脑。其次，从职业经历看，在《富爸爸，穷爸爸》一书中，用象限分法，把职业分成四类：被雇佣者（E），自雇佣者（S），企业主（B），投资者（I）。我自大学二年级开始在广告公司做兼职文案，2005年至2008年打理独立工作室，再后来，在地产代理TOP10的开启机构做到战略研究院总监，至2013年4月正式离职开始创业，两年后渐渐脱离企业直接管理工作。可以说是把这四个象限的角色全都扮演了一遍，个中滋味还是那句老话：如人饮水，冷暖自知。最后，从职业经历来看，自1996年起，我以文字为切入点，大约经历过不下十余家企业，从互联网ISP、保健品广告文案、电台专栏嘉宾、电视媒体编导、大型公关活动策展、动画片编剧、儿童教材编辑、房地产广告文案、中医养身机构品牌策划总监、房地产战略研究院策划总监、甲级规划建筑设计院顾问，直至最后做教育培训行业并自主研发教材……行业跨度之大、经历之丰富，常常令人觉得有“伪造简历”之嫌。总而言之，与民生最为相关的三大领域，房地产、医疗保健、教育培训都有涉猎。

我在申报“无界”这个选题的时候，认为以上就是我所理解的“无界”。然而，几天前再看梁东主持的短片《生命》，才忽然仿若有所领悟——看起来在一个平面上，分属四个象限的E，S，B，I只是在二维上的投影，这四类人，往往并不在同一个维次上。

“不做总统就做广告人”“新闻记者是无冕之王”，在媒体可以呼风唤雨制导话语权的时代，依托文字，我从顽劣与青涩的年纪出发，穿越玉米地，走入素年锦时。在《金牌文案是怎样炼成的》一书中，我提到“文字般若”，当时编辑建议我删除这个章节，说实话，《金牌文案是怎样炼成的》一书出版之际，我国对于宗教和文化的开放程度远不及现在，“般若”这个词同样出自佛教经典。与“文字般若”相关的是“观照般若”和“实相般若”，分别代表着智慧的三种次第。当时编辑说得有一定道理，因为我自己没法把这三种层次之间的关系理清楚，也没法说得清楚。而等到写《无界》的时候，我才隐约明白了，越是那些在实相有了成就的人，越不再引经据典地大放厥词，而是回归到一种非常平和的生活状态。用飞机穿越云层来形象地打个比方，即从对流层、平流层到电离层。电闪雷鸣的各种气象现象发生在对流层，飞机会在穿越对流层，进入平流层之后开始平飞。

有一次在工作中被老板批评，发生争执的时候，老板说“你要注意定位的高度”。我反问：“请您给我一个高度吧，您希望从雪山之巅的高度还是从卫星的高度来定位，媒体到达需要辐射多大半径？”一句话反而把老板问住了。大多数情况下，越是老板，越喜欢好问和思考充分的人才。这些人看起来有些难以驾驭和管理，但是大家是在一个高维次的思维域探讨问题，把那个维次的问题讨论清晰了，只需要从一个点往下推演，每一层逻辑剥开来，都是了了分明、清清楚楚的。

有的人开工作会议听不懂老板说什么，其实很有可能，只考虑了销售，没有考虑开发序列，或是只考虑招聘，没有考虑推盘节奏，老板有时候又忽然跳跃到另一个楼盘的探讨中去。这种状态与我在写作时，已经在考虑下一个选题有点类似。

大约 1998 年前后，我开始看南怀瑾先生的书，同时接触西方哲学，随性地翻看学校仅有的几本关于西方美学和西方哲学的书籍。在一所工科院校的图书馆看书，肯定不能与钱钟书狂扫清华图书馆的风采相提并论，学校也没有朱自清散步时曲曲折折的荷塘和弥望田田的叶子。随手拿到萨特、波伏娃、尼采胡乱咀嚼一通，直至后来看到叔本华。总之，课本上的马哲和政经，还有学校党小组的学习，并不能满足我满脑袋的问号。1999 年，母亲去世不久，忘了是谁给我一本《西藏生死书》，拿在手里翻看，发现很多脑袋里冒出过的问号，以及与学校老师、同学们谈起过却无人来和的话题，在这里渐次寻见微光。再后来，港台作家梁实秋、林语堂、三毛、金庸、梁羽生、亦舒的书渐渐进入书架。并没有人给我开过书单，阅读之路，伴随着工作需要，一路随性而来。后来看到梁启超对儿子梁思成的教诲：书宜杂读，业宜精钻。

在我应聘开启机构的简历附表上有“特长”一栏。记得当时，我不假思索写下“出口成章、落笔成文”，后来觉得不妥，又划掉重写。事实上，我经常和人开玩笑说，别人找工作写“简历”，我找工作，写“减历”。早已经过了“少年听雨歌楼上，红烛昏罗帐”的年少轻狂；也偶把苏东坡自诩“八风吹不动，端坐紫金莲”，被佛印禅师一“屁”打过江拿来说笑。这时候说自己写的是“减历”其实是无奈之举，加上房地产行业的特点，周期性调控与公司转制、调整、裁员或全局性战略转移的双重因素，我的工作时断时续。职场上有做事与做人两种活法，做事认真却不甚圆融，注定是替他人做嫁衣。事做完了，卸磨杀驴是常有的事。所谓“飞鸟尽，良弓藏；狡兔死，走狗烹”。这些年，该收而没收的烂账，该领又被别人领走的奖金，实在无法计算。

不久前有人让我帮忙改写点东西，我面皮薄，说周一才得空。那人说就几个字。我说：“昔有文人说‘两句三年得，一吟双泪流’，又有人为‘僧推月下门’和‘僧敲月下门’思虑再三，故而有‘推敲’一词。你说改写点东西，而我写东西常常是字斟句酌，并不是你以为的信手拈来。”那人很不客气地问我：“那你能不能尽快帮我‘推敲’一下呢？”

我当时刚好看到一个帖子，写下“钻石恒久远，一颗永流传”广告语的作者终生未嫁。我不由地问，这句透彻人生、呕心沥血的广告语该值多少钱呢？就像我为汤臣高尔夫球场写的广告语“千金易得，一席难求”，又该得多少佣金呢？事实上，有些被文字表述出来的、在业内称作“SOLGAN”

的广告语，所在能级属于项目总精神，也就是中医养生馆前辈告诉我的，属于“精、气、神”最高层面的“神”的境地，是智者淘沙炼金而成的宝贵精神财富，但也恰恰因为这种精神财富无形无相，甚至寥寥数字，稀有难得，根本无法量化定价。

若有人说黄金有价玉无价，那么个人愚见——策略是玉，执行是金。有道是，三年入行，十年成道。我自 1996 年在生辉广告公司做房地产广告文案，1998 年又在焦点广告公司做保健品广告文案。这两家公司在当时刚刚起步不久的广告专业领域，都是数一数二的专业公司。1999 年，港资汇统影视制作公司引进香港 4A 公司高端人才，在境内招募文案，收到的全职简历一大堆，香港麦肯光明创意总监 Brian 最终在众多应征者简历中录用了我。复试时，他从香港传来一组手绘分镜头（1999 年的传真技术和潦草的手绘请读者脑补一下），实在是抽象得很，而我大约地揣测了绘制镜头者的原意，给每个分镜头画面下分别配了文，我也没想到，我就这样懵懂地被录取了。这件影响我职业和履历方向的事情，在《金牌文案是怎样炼成的》一书中也有提及，但当时只是为了辅助说明一个工科院校毕业生是如何走上广告人这条充满异数的“偏门”。广告行业在 20 世纪 90 年代末属于“偏门”，今天说来你也许不信。我有个高中同班女同学，经由我认识了我们公司当时的创意总监，两人相恋笃厚，女同学的父亲却因为男方做的是广告行业，极力反对。所以，那时别人问我做什么工作的时候，我也无法告诉他是“广告文案”，这个生僻词很多人听不懂，因为在当时是需要费力解释的。

商品广告伴随工商业文明而来，保健品、药品和商品房一度成为国内私有经济最先启动的、被称为“暴利行业”的两大领域。在正式进入 WTO 全面放开之前，又受到各种地方政府的扶持和保护，所以自然而然成为奥美广告之父奥格威笔下“广告主”的主体。“97 香港回归”和“亚洲金融风暴”

席卷而来，我误打误撞，也成了那时候的“稀缺人才”。毕业前夕，从本土广告公司又进入港资影视制作公司。尚未毕业，我通过三年兼职，已经涉足保健品、药品、房地产、影视后期制作几大广告相关领域。许多业内术语已经谙熟于胸，这也就是我在前文提到的“默会知识”。毕业那年，我由于跨校跨专业考研而耽误了找工作。当时修正药业董事长请我去做企划部负责人，而哲学系科班出身的焦点广告总经理徐丽也让我回到焦点任职。但这个时候，我对广告的热情，已经有所减弱。我问麦肯光明创意总监 Brian：“你抛家弃子从香港跑来大陆，广告人是不是以后都这么日夜颠倒颠沛流离呢？”Brain 闷的时候会拉二胡，有支曲子我还记得，叫《烛影摇红》，虽不像阿炳的《二泉映月》那样悲戚，但是也有几分离愁。

项目是皮，广告是毛。皮之不存，毛将焉付。

我于是匆忙投了几份简历，幸运地得到了汤臣和恒寿堂的 OFFER。这当然和我做过不少房地产、保健品广告不无关系。毕业后的第一份工作，画出职业轨迹的起笔，之前多家公司的历练，给出我后来跨界从业的宽度。古话说：三岁看大，七岁看老。现在回头来看，这三年，已经可以近似地看出我此后仗笔江湖的端倪。

我多年来尤其喜《禅宗公案》和开悟偈“我有明珠一颗，久被尘劳关锁。而今尘尽光生，照破山河万朵。”这就是禅宗门下光显明耀的性情。“心是根，法是尘，两种犹如镜上痕。”

文字也好，图片也好，风景也好，都是心灵的投射。而文字若能直指人心，何界之有？世界有界，人心无限。

2015年7月18日　星期六　于甘孜州　康定

2016.4.13增补

第一篇　登峰造极
——中信·海港城

只有在突然退潮的时候，你才知道谁在裸泳。

——沃伦·巴菲特

2012至2015年，内外部大环境对房地产市场造成前所未有的交困局面，已经不是“房产新政的威力愈见明显，楼市高烧逐渐退去”。这样的发烧和退烧症状，稍微了解一点国内外形势的，不难发现，这次席卷而来的震荡，其实是资本市场全面性换血和权利机制的重新划分。

无论“打虎”还是股市暴跌，背后更大的布局，是一场中华民族浴火涅槃，新领导班子力挽狂澜之举。

中医有一个术语叫“虚不受补”，即如果机体自身有病症，不是靠增加营养、吃人参吊精气神，反而要历经一次慢郎中式的“清、调、补”。而如果把清理金融地产行业比作清理血管的话，2012至2015年，有相当长的一段时间，像是在诊断之前验血，用橡皮管子绑住了胳膊一样。

用壮士断腕的决心去整治虎狼盘踞的支柱行业，看得出国力的强大，也看到了政府此次的决心。

在这期间，“中信·海港城”经历了整个市场价格腰斩的创痛，在诸多开发商资金链纷纷断裂，甚至卷款出逃案件频发之际，以国资背景和工程兑现，成就了“品牌信度”。

轻许承诺容易，而在诸多不利因素集中爆发，资金困局成为最大掣肘，

资金周转难以为继，开发自平衡不易实现的时期，低调入市的“中信·海港城”无疑成了稳固市场信心的中流砥柱。比起风光无限的互联网行业，地产行业像是戴着镣铐跳舞的大象，步履蹒跚。在“互联网+”的大旗之下拼了命地吸引各种“风”，像是缺血的胳膊遇到了供血充足的大腿，一时间“O2O”风投几乎成了“疯投”。且不说地产界不少高管离职创业，在此前提到过“默会知识”，没有多年行业锤炼，不是看看基本面和K线图就能了解股市运作的。同样在地产行业，年轻团队缺乏应对系统性风险的经验和心态。2012至2015年，误导开发商决策导致的资金链断裂和恶性冲突事件时有发生。

在东港竞争格局中，比较值得一提的是马云等时代娇宠汇集一堂、星光熠熠的“星光域”。2012年我去实地看项目，售楼处和样板间出手不俗。2015年再去时，听说降价导致售楼处多次被砸。虽然当时我并未在现场，上海的星河湾就在家附近，星河湾降价，售楼处也同样被砸。这种连出租车司机都知

道的事情，过段时间，再把户型换一下，重新积累和梳理一批目标客户，整个事件就像没发生过一样。

一时间，信息量大到无从辨析，媒体“把关人”之职已经成为历史。以前老话常用“嘴没把门的”形容一个人嘴快乱说话，微信时代，所有的端口都开放，互联星空之下，谁都可以“嘴没把门”。

所以，还是在出版物“文责自负”的前提下，试图把个人对于“互联网＋”和“房地产＋”之间的辩证关系梳理一下。

互联网做的是云端，云端希望接地气；房地产做的是地面，地面有水汽升腾。“云腾致雨，露结为霜”，古老智慧中，已经把这两端的关系说透了。

相关链接

云腾致雨，露结为霜。

这两句说明云雨霜露自然现象的形成。传统科技认为，“地气上升为云，天气下降为雨”。霜和露是同质的东西，只是露是液体的，霜是固体的。我们的地球，白天太阳出来以后吸热，晚上日落以后再散热。地气是热的，它往上散的时候，由于地表温度逐渐降低，水蒸气遇冷变成露水。夜晚气温进一步降低，它就结成霜了，特别是到了白露、霜降节气的时候，完全变为白霜。

“露结为霜”这一句话出自《易经》。《易经·坤卦》里有“履霜坚冰至，阴始凝也”的话。履霜，踩到霜了，你就要想到冻冰的时候快来了。阴始凝也，阴气开始凝结了。这是告诉我们，看到霜，就要想到冰；看到一件事情的因，就要想到它应有的结果，不想要恶果，就不要造恶因。

——摘自百度网页

马云和马化腾的名字仿佛注定了都是要在马年腾云驾雾的神马。可放到重资产的行业里来，无论怎么自认为持有重金就可以玩转跨界的“二马”，却在“星光域”项目上落下了笑柄。

我在报“无界”选题的时候也很狂妄，等下笔写的时候，开始考虑“边界”。说“无界”，行业之间还是有壁垒的，而且不仅仅是技术壁垒。技术壁垒可以用重金挖人，这在持有重金的“互联网 +”们看起来那都不叫事儿。但在深入思考和三年沉淀之后，才渐渐梳理出“无界”与“有界”的分界来。

“疆有域，心无界”，这是多年前给农工商集团在上海奉贤开发的“聚贤煌都”写过的一句广告语。现在看来，制约行动边界的，确实是“心”。

而心里的藩篱不去，私欲不涤，云腾至雨，露结为霜，飘荡在互联星空的资金，还是会降落在它该降落的地方，而在扎实投入的土地上，也总会有祥云缭绕。

只是我们智慧不够，看得不够久，不够深远。把暂时的风吹草动，当成了大趋势。

2014 年，走入谷底的房地产业内有“三不买”——填海地不买，交付周期长于半年以上的不买，降价超过 30% ~ 40% 的不买。这是房企黄金时代、白银时代的终结，青铜时代来临的分水岭。所谓“国之重器”，恰与青铜禀赋相宜。

开发商的信度在销售去化过程中比任何时候都来得重要。2015 年 4 月 10 日，李克强总理在长春主持召开东三省经济工作座谈会，分析当时东北经济面临的新情况和突出问题，研究推进东北发展相关工作。又于当日先后到吉林大学无机合成与制备化学国家重点实验室考察；到北车集团长春轨道客车股份有限公司装备车间视察。在这里提到这次讲话，是想得出两个基本观点：首先，总理的会议谈话和考察工作的方式，其实和做地产营销有点类似，会先看数据，再实地踩盘；其次，通过实地考察把数据信息进行归纳、分析，然后再形成观点。

2014 年，东北三省的 GDP 增速分别是 5.8%，6.5%，5.6%，位列全国后五位，滑出经济合理区间。当年第一季度，这三个省的多项经济指标继续走低，经济下行压力进一步增大。4 月 9 日至 10 日，李克强总理专程奔赴吉林长春，重点考察了地下基础设施和重大装备制造企业，并在长春召开东北三省经济形势座谈会，现场“督阵”东北经济。

总理在走访和谈话中特意提到，百姓就业的保障、民众收入的提高，

绝不是“空中楼阁”，前提是要有一定的经济发展增速作为支撑。如果各项经济指标继续走低，民生改善、就业保障、收入增长都将无从谈起。在这次谈话中，李克强总理尤其指出：“这里面的确有国际经济复苏低迷、国内深层次矛盾积累、区域经济结构不合理等‘客观’原因，但东北三省也要多从‘主观’上寻找原因。”而在寻找“主观”原因的过程中，首先指出“东北人过去是闯关东过来的，有闯劲、有韧性”；随后又提到“没有一定的速度支撑，靠什么保障就业？靠什么改善民生？”，并提出东北振兴不能“等、靠、要”，而要“闯、改、创”。

这里提到的“闯关东”，让我想起在“中信·海港城”项目开盘前夕写过的一篇专题文章。当时，得知大连港被拆除时，我万分心痛，在售楼处对《大连晚报》记者说起，闯关东的人们坐着小舢板到达大连港的时候，看到这个码头，是不是有种《北京人在纽约》里那波最早去美国的中国人看到“自由女神像”的感觉呢？

在上海长大的我记得有人提出过，上海的三次经济大跨越，其实与三座桥梁的建设周期不无相关。这三座桥梁分别是外白渡桥（跨越苏州河）、南浦大桥（跨越黄浦江）、东海大桥（跨越芦潮港与洋山间海域）。那么，在不同的时代背景下，坐小舢板跨越渤海湾和坐大轮船跨越太平洋所需要付出的勇气是相当的，当看见一个地标性的精神堡垒的时候，所带来的喜悦和憧憬也是一样的。也由此，我对拆除大连港的事件才如此关注。谈到这个点的时候，不得不提台湾人登琨艳。

1990 年，登琨艳来到了上海。一踏上上海这片热土，他就被这里的一切迷住了。“这里的菜很好吃，讲话又通，在弄堂里与老先生交谈，你会觉得很开心。”登琨艳在上海一住就是 12 年。

有“建筑设计界怪才”之称的登琨艳，审美眼光独到。他在上海居住的是当年法国驻沪总领事的郊外官邸，其工作室是被改造过的当年上海滩大亨杜月笙的粮仓。1998 年，已在上海蛰伏近十年的登琨艳“想出来做事了”，但工作室设在何处呢？那个夏天，登琨艳骑车考察了苏州河畔绵延数千米的旧仓库走廊，最后，他选定坐落在南苏州路 1305 号的一栋 2000 平方米的旧仓库。“我第一次踏进这间仓库，只瞄了一眼就走了，我太知道它的价值了。”登坤艳感叹着，“台北的错，上海能不能少犯一些。”由此，“苏河天地”已经在他当时的脑海里萌发，他成了“艺术仓库”的“始作俑者”。

2013 年早春，我在“中信·海港城”售楼处里谈论地脉和文脉，显得多少有些不合时宜。那篇即兴文章最终没有刊登出来，在中信集团内部流转报批的过程中，新闻的时效性渐失。同年 6 月，我的第二部作品《阅读大地》出版，谈到大连的时候，用了“客居，城市旅店”。

异乡与客缘是绝配，来便来了，走便走了。

——摘自《阅读大地》

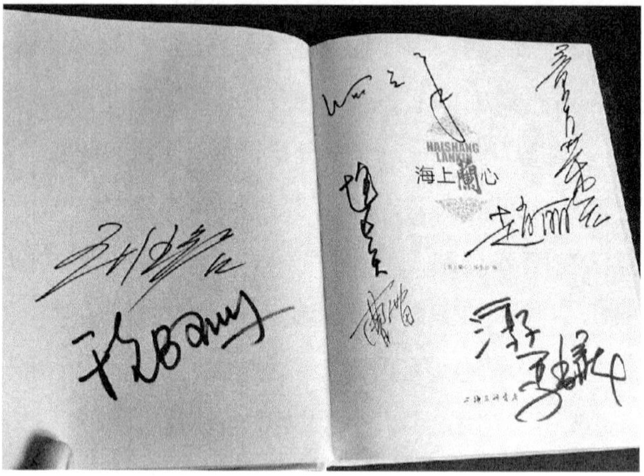

2014年4月，在上海徐家汇路打浦路破土动工的张爱玲纪念图书馆是登琨艳近年来的一个大手笔。说起这个建筑，颇具戏剧性。原本该地是建会所，登琨艳看后说：“要是能在这里建一个有关张爱玲的纪念馆多好。”没想到，一个不经意的创意，竟然得到了开发商的认可。于是，小区里少了一幢普通的会所，上海却多了一处有文化意义的建筑。

“上海苏州河两岸应该比纽约的苏荷区还要好。”登琨艳认为，苏州河应该成为一个以艺术家为主体的文化生活区域，有丰富的行业分布，有艺术家工作室，有酒吧，还有工艺品商店、书店、杂货店、书画廊、跳蚤市场、露天电影、街头艺人等。总之，这里应该是一个活力四射的文化传播中心。

西班牙的毕尔巴鄂(Bilbao)，一个很小的城市，从来名不见经传，地图上都不容易找得到。可是因为新盖了一个美国古根汉姆美术馆分馆，一夜之间，毕尔巴鄂名闻全球。

相关链接

登琨艳：这里有个审美训练问题。艺术家很多美学文盲的，只懂他那一行当。音乐，比如绘画。而美感是一种综合性素养，也需要很好的悟性。

阿城：我的解释是你可能是个画家，但你未必是个艺术家。如果你不是一个艺术家，那么除了你掌握的语言领域，其他领域你就会犯美学错误。艺术家是高的层次。徐悲鸿当年从法国学画回来，国民政府要他填有何特长，他填"鉴赏"。这个表达厉害，意思是美学这个领域我是通的。

登琨艳：建筑可以荣耀一个城市。也可以变成一个城市的耻辱。一个城市的建筑的决策者也很需要相当程度的美学素养，这样他就会想到未来，不敢乱做决定。譬如这条苏州河，你可以让它变成上海未来前卫文化的发源地，像纽约的苏荷区一样，艺术家在这里给老建筑注入全新的生命，让老旧文化建筑开出新的花朵。上海是有很多这种机会的，只可惜愈来愈少了，台北犯的错，上海能不能少犯一些？

（文明国家的现代化发展过程是不是都经历这样的过程：拆毁、建设、再发现？）

阿城：日本没有这个过程。英国没有，意大利也没有。20 世纪的法国大革命，是一个砸烂旧世界的革命，它影响了 21 世纪的两个国家的大革命一个俄国，一个中国。我不喜欢巴黎，巴黎是一个水泥公寓的世界，我怀疑发明水泥的原因，就是为了资产阶级造公寓。巴黎的公寓特有一种伪古典的样式，很像北京扩建的平安大道，沿街排满了伪古典的水泥店铺。在巴黎转不了多久，你就能同情当年老巴尔扎克为什么总是在挖苦暴发户，也就是资产阶级的品位。巴黎的文明和文化是资产阶级的，从埃菲尔铁塔到蓬皮杜中心，再到凡尔赛宫前的透明金字塔，一脉相承。特吕弗的《四百下》，影片开始是一个长尺度的沿街移动空镜头，从不断闪过的公寓楼顶上，始终是那个埃菲尔铁塔。我看了也很感动，这是一种很标准的工业乡愁。

——摘自"豆瓣"网络平台

李克强总理在经济工作会议中形象地提出东三省是中国雄鸡版图的头部，只要东北经济振兴了，鸡头“昂”起来了，就会带动中西部跟着舞起来。会议召开后不久，夏季达沃斯论坛在大连召开，“中信·海港城”售楼处正是这次论坛的签到处。我本来计划在论坛期间，也在这个论坛的签到处做一场签售会。

那么多个“本来应该”的事情没有发生，那么多个“未曾料想”的事情发生了，就像《红楼梦》里贾宝玉对林黛玉说：“早知今日，何必当初！”这本书好几次就不想写了，差点儿就出不来，拖延到现在。还是要从大连市的精神堡垒开始说。开篇之文即为“登峰”，难怪一路坎坷。

相关链接

“你且站住。我知你不理我，我只说一句话，从今后撂开手。”林黛玉回头看见是宝玉，待要不理他，听他说“只说一句话，从此撂开手”，这话里有文章，少不得站住说道：“有一句话，请说来。”宝玉笑道：“两句话，说了你听不听？”黛玉听说，回头就走。宝玉在身后面叹道：“既有今日，何必当初！”林黛玉听见这话，由不得站住，回头道：“当初怎么样？今日怎么样？”宝玉叹道：“当初姑娘来了，那不是我陪着顽笑？凭我心爱的，姑娘要，就拿去，我爱吃的，听见姑娘也爱吃，连忙干干净净收着等姑娘吃。一桌子吃饭，一床上睡觉。丫头们想不到的，我怕姑娘生气，我替丫头们想到了。我心里想着：姊妹们从小儿长大，亲也罢，热也罢，和气到了儿，才见得比人好。如今谁承望姑娘人大心大，不把我放在眼睛里，倒把外四路的什么宝姐姐凤姐姐的放在心坎儿上，倒把我三日不理四日不见的。我又没个亲兄弟亲姊妹。——虽然有两个，你难道不知道是和我隔母的？我也和你似的独出，只怕同我的心一样。谁知我是白操了这个心，弄的有冤无处诉！”说着不觉滴下眼泪来。

——摘自曹雪芹《红楼梦》

在这样的经济大背景之下，大连市2015年的房地产整体销售态势不容乐观，“龙湖”腰斩，而“中信·海港城”两大事件——30万方“太古汇”入驻，提升整个大连商业能级，一期如期竣工交付，以低调务求承诺兑现为表现。在“星光”与和“龙湖”价格腰斩的市场环境下，对其保持良好销售态势起到关键性的作

用，在整个东港地区可谓中流砥柱。回过头来，不得不承认其落子在“大连城市原点”，并独守闯关东的“精神堡垒”地脉之魂，才是掘到了这片土地真正的“元精”。

一直很想知道中信地产“筑人生·信有成”这句话是谁提出来的。从泰山回来，看到自唐代起历代的摩崖石刻，“工程质量，重于泰山”这类老话，现在回想起来意味深长。以此持重，方得稳固。不固根本，何以登峰。

过去这里书写历史
未来这里将创造历史
我们一直希望能够保留住
这座城市的美好
因为我们相信土地也有情感
无论如何变迁
这里的风景都依旧迷人
这是我们对于历史的敬畏和真心

我们将在这片土地上
用建筑写一首诗
一片有故事的土地
值得你付出真心
我们一直觉得
对于这座城市
我们肩负的不仅仅是建筑使命
我们更应该创造美的奇迹

这里的变化就是答案

我们承诺了许多

此时它们开始一一兑现

太古奠基，9月交房，市政路通车

我们相信，只有真实的给予才是最好的答案

中海地产
英国商业鼻祖太古集团
实力入驻海港城
与中海地产强强联合，甄选国际邮轮中心黄金地段，
以全国第六大商业地标布局大连。
海港城
HARBOUR CITY
DALIAN CHINA
H A R B O U R C I T Y
太古商业规划最终以政府批复为准。

第二篇　筑场做局
——佘山十八湾

写作和走路一样，成为我的生活方式，自然而然。

再次回到“无界”这个看起来漫无边际的选题时，我已经身处地中海美丽的一湾托雷维耶哈。上一次改稿时，还是在寂静空灵的五台山上。当时，好像是卡在了“场域”的思考中。前天，在海边散步时候，突然对“场”有了新的切入点。

与此同时，国内正因为“拆除小区围墙”引发了一场理论与舆论的争论。微信公众号“人民网舆情监测室”发布了一篇标注为“热点”的文章——《新建住宅要推广街区制，“心墙”向善还怕围墙被拆？》。原文摘录如下：

2月21日，《中共中央、国务院关于进一步加强城市规划建设管理工作的若干意见》对中国城市的面貌和内核都做出了详细的规定，《意见》里最受关注的莫过于“原则上不再建设封闭住宅小区，已建成的住宅小区和单位大院要逐步打开”。

一面是清除城市路网栓塞的拥趸者，一面是对公权和私权复杂博弈的利弊权衡，一面是国内长达30年的房地产大开发，城市大开挖，人口大迁徙之后，在人与人之间心墙坚固、各类社会矛盾日趋锐化的大环境之下，这场注定在短期内没有结果，而长期来看又是大势所趋的争论，只能留给时间作答。

与此同时，我由于刚刚到达一个新的环境，在跨文化、跨时区的巨大冲突之下渐渐平静下来，最想写的还是关于“场域”这个曾经卡住的话题。之所以卡住，其实是我深受一个大的场域力量所裹挟，一时挣不脱又说不出。

《阅读大地》中粗浅地涉及过“建筑语境”。语境，英文context，建筑语境是指建筑所处的环境。西班牙是建筑大师高迪的故乡，在这个自由奔放的大环境下谈论“建筑语境”，突然觉得是拿对了钥匙找对了锁孔。

首先，地中海位于亚洲、非洲、欧洲交界处，对各种差异性巨大的文化有着极强的包容性。在这样的环境之下看待“建筑语境”与“空间句法”，就变得具体而容易起来。

做房地产项目的时候，为了给客户“身临其境”的感受，往往先开建售楼处。但是关于一个项目的“铺排”与“叙事”，其实从第一次媒体亮相就开始了。

所以，营销策划与精神堡垒、工地围挡、样板园林、工程进度等的精妙编制，才成就了一个完整的“场”。

但凡有了场，就有了场能。凡是有了“能”，各种力量就汇集其中。这个过程有点儿像一部小说或电影，经过期待、惊喜、伏笔、呼应，在整个宏大的叙事背景中渐渐凸显出一个特定的形态。离开中国之前，最后去过的一个项目售楼处在杭州，毗邻浙江美术馆，直面钱塘江。该项目的定位是“杭州封面豪宅”。

我承认自己幸运，在中国房地产行业最风生水起的年代里，一脚踏进门来，所做的项目，动辄全城瞩目。这一几乎无可复刻的经历，让我比大多数建筑专业毕业生对于建筑的理解更为深刻。

给青岛远洋公馆做顾问时，公司总经理在一次提案会问了一个问题：“怎样才能培养出一个优秀的建筑师？”这个问题，每个人心目中的答案必是众说纷纭、见仁见智。但我始终保持一点对于专业的怀疑态度。就好比谁都对初恋无比怀念，但初恋对象却常常不是携手共度人生的那个人。选读专业的时候，许

多人尚年轻，对某一个领域的认识尚浅，对自己才华的了解也欠缺，可谓既不知彼，又不知己，有些人甚至是在退休后才找到自己真正热情投入的事业。一技之长也好，工作也罢，只是确保长养生命的经济来源，而在任何领域能够达到“优秀”甚至“卓越”，无不需要天赋和热忱，甚至运气也是不可或缺的。天才建筑师如果生不逢时，在战争年代，其才华充其量就是设计一些军事布防的基础设施，既要隐蔽，又属于临时建筑，战线进撤之际，攻防设施便要撤离，纵有万千才华，也没人会对临时建筑精雕细琢，就算再精巧的构建，说拆就拆了。

优秀的建筑师，当以其优秀作品的存世为依托。世界上除了自然山水，最能被人铭记的就是标志性建筑。在符号学（semiotics）的意义上，建筑的外观、材料，构成了一个区域内的视觉符号。其外在尺度之大，承载的社会意识形态，远远超过目力所及；而其内部影响之深，包含的历史时空场域，亦成为文化和信仰的传播体系。

如此，既回答了公司总经理关于优秀的建筑师的提问，也把场域这个抽象概念用语句呈现出来了。我们现在经常用到“维度”这个词，我认为，建筑师的思考至少要在五个维度以上。构筑三维空间是最基本的，随后要考虑一天内光线变化对人们情绪的影响。如果是老建筑，还要考虑历史事件和时间痕迹的去留问题。对于园林设计师，则要考虑植物漫长的生长周期，是否会对建筑造成各种影响。

说到这里，想起了从高中到大学毕业期间住过的一套父亲单位分配的房屋。这是一间一室半户，就是这样一个像客厅一样的房间，一半承载过道，另一半放着我的床铺，过道和床铺之间，是伴随我最艰苦学习生涯的书桌。这个房子所在的小区是典型的兵营式布局。我们住进去的时候，前一户人家已经住过十多年之久，所以两幢楼房之间的两棵香樟树，少说也有十年历史。那两棵树种下去的时候，贴着墙根，“兵营”设计师完全没有考虑过香樟树十年以后的模样，所以两棵树在三楼打开树冠的位置，很局促地与楼房挤在一起。

2012 年，我开始做中信地产广州增城的“香樟墅”项目。该项目是一个西班牙风格的独栋联排双拼纯别墅社区。由于做这个项目，要研究和体会香樟树的特性，我在宋庆龄故居坐了很久，看着宋庆龄生前钟爱的那两棵香樟，郁郁成荫，

优雅舒展。再想想自己小区楼下两棵贴着墙生长，只能展开半边枝叶的香樟，几乎可以推演出一个优雅大度的国母和一堆挤挤挨挨的小市民的生活姿态。

建筑与园林，都是从人类活动与自然界交互中取用的元素，堆叠成空间句式。所以，优秀建筑设计师和园林设计师都不是在课堂上培养出来的，优秀的园林设计师更像是自然之子。

《金牌文案是怎样炼成的》出版的时候，我说台湾文案天后李欣频是个玩文字游戏的文案，之所以出名大概是给台北中心百货公司做过一则广告“生命就应该浪费在美好的事物上”。之后被全国文案拿来消费，然后又杂糅在了各种文艺青年的博客日志里。

后来李欣频又跟“诚品”捆绑在一起，《诚品副作用》把文字游戏玩到极致。

做“佘山十八湾”时，有个看台湾广告出道的创意总监非要把这种文字游戏拿来玩一把，于是做了三个秀稿“峰景”“净界”“涵舍”。才华是有

点的，情怀也有那么些，就是小气了。再去看“佘山月湖山庄”的入口，整个园子，以“幽篁”两个字开篇，是做青浦大观园的老法师捉刀，曲折蜿蜒一条路进去，如闻天籁，“眼、耳、鼻、舌、身、意”六感通彻。

老法师一辈子在体制内工作，许多抱负胸襟无处抒发，正好“佘山月湖山庄”的老板顾其良请老先生出山，这座园林，算得上天时、地利、人和，开启国内中式别墅新篇。

浦东的“九间堂”和太湖的“天阙”也做中式，“九间堂”建筑体量大，园林却不舍得土地，卖了些日式枯山水的乖，倒也雅致。而同期的“天阙”也想做出中国意境，从楼书开始，请了业内外的顶尖高手，平面设计采用大量留白，文案从太湖三白谈到生活的器。

在我的微信上，有一次也曾谈论“器”的话题，分别以“大器”与“小器”来比拟孩子的天赋。所谓大器装江海，小器盛琼浆。器的形满足审美功能，器的“空”满足实用功能。而孩子学习的过程应该是一个内外兼修的过程，一定要给予他们一定程度的“空”。而建筑，可以说是天地间最大的“器”了。所以，把“器”这个话题谈透了，就等于是连接起了“形而上”和“形而下”两个层面的问题。“器”的鉴赏过程，成就了“术”与“道”的联系；“器”的使用过程，成全了“体”和“用”

的关系。

近年来，许多人热衷于做陶，一件手艺能同时实现其心理与审美、学术性与接地气、自娱自乐或与众乐乐、霎时间与成就感……多方面的满足，都从这一件小事生发而来。

那么，回到“太湖・天阙”这个项目，有着得天独厚的地理位置，又与太湖水星游艇俱乐部毗邻，在楼书设计中，也能解读出其中体西用的概念框架。更何况，太湖自古人杰地灵，项目几乎可以说是完美主义者无可挑剔的一次演出。在此同时谈论到“佘山月湖山庄”“九间堂”“太湖・天阙”三

个项目。其中“佘山月湖山庄”是2003年的销售冠军。

时间记得清晰，因为那一年非典暴发，许多人看空楼市。2001年12月22日，一名危重病人从河源转入广州医学院第一附属医院，到2002年5月27日，30多个国家报道病例8221人，死亡735人。该年4月20日下午，时任卫生部副部长高强出现在现场直播的新闻发布会上，世界卫生组织对“严重急性呼吸体统综合征”正式命名，英文全称Severe Acute Respiratory Syndrome，简称SARS。正如临危受命的卫生部部长吴仪所言，在这样一个信息高度共享的全球化时代，对重大疫情的透明度不高，只会起到相反作用。

“佘山月湖山庄”的地点在上海松江林荫新路255弄。占地面积28000平方米，建筑面积35481平方米。主力户型297～850平方米。开盘时间是2004年5月28日。售价全部在300万元以上。

我们迄今无从得知，在具有购买实力的客户中，多少人因为SARS的疫情报道和突然面对生死的恐惧，重新审视了聚居都市与隐逸山林的生活方式，但以我现在的生活态度和国内新近爆发的疫苗事件来看，SARS成了“佘山月湖山庄”的“背景铺垫”和“阈下刺激”。

空间，理想的延伸……

环太湖大道199号，630～825平方米的单体面积，“湖景独栋，直视太湖”，言简意赅的八个字，到如今，和人闲谈之际说起自己做过的项目，都像是吹了一个不折不扣的牛皮。项目开发商是个做服装起家的女人，在园内给自己安了个家，大门口悬着“人生得意须尽欢”。

这是2014年9月“筑木空间”设计师陈洁留在搜狐焦点家居网上的描述：

整个建筑包括园林，别墅全部钢结构，几乎四面临窗。那种大块的，一览无余的玻璃窗，窗外的绿化已种了10年，郁郁葱葱，翠竹已高到弯下了身，从旁走过，会扫到你的额头。看对面的房屋，也只能见到一小角，其他一切皆掩映在这片绿中。

而我涉足这个项目的时间是2004年春节。当时工地一片泥泞，看房通道还没有建好。

关于山水与人，在能依着山、湖、林、溪这样的自然山水，更是多一层借意自然。在没有电子产品，也没有高楼大厦的年代，感官在山水自然间

苏醒、伸张，并不被时间的紧张和空间的局促所逼迫，感官大多比四肢所触空间更远，感官与自然对话后得到安适，这份安适的包裹中，正好安放吾身吾心。

中国的文化和美学，讲究一种“芥子纳须弥”的禅境。关于园林与田舍，《小窗幽记》有这样一段描述：

> 门内有径，径欲曲；径转有屏，屏欲小；屏进有阶，阶欲平；阶畔有花，花欲鲜……

有近代医学一直强调情绪体和身体，在情绪体层面如果调校好了，身体状况自然可以得到改善。而情绪体与身体之间的关系，就像园林与房子的关系。

细胞在环境适宜的时候选择“繁衍”，在不适宜的时候选择“永生”。

——摘自《超体》

前些天和几个留学生提到“三不朽”（立德、立言、立功）。这是中国伦理思想史上的一个命题。

《左传·襄公二十四年》谓：“豹闻之，‘太上有立德，其次有立功，其次有立言’，虽久不废，此之谓三不朽。”胡适曾将“三不朽”称为“三W主义”，即“Worth”“Work”“Words”。

春秋时期，鲁国的叔孙豹与晋国范宣子曾就何为“死而不朽”展开讨论。范宣子认为，他的祖先自虞、夏、商、周以来世代为贵族，香火不绝，此为“不朽”。而叔孙豹则认为，这只能叫“世禄”而非“不朽”。

唐人孔颖达在《春秋左传正义》中对德、功、言三者分别做了界定：“立德谓创制垂法，博施济众”“立功谓拯厄除难，功济于时”“立言谓言得其要，理足可传”。并且，在三不朽中，古人有次第而来，以“立德”为基。而对死后不朽之名的追求，可以激励个体超越个体生命而追求永生不朽、超越物质欲求而追求精神满足的独特形式，甚至如“至圣先师”孔子“知其不可而为之”。又如司马迁忍辱负重，秉笔直书，留下“史家之绝唱，无韵之离骚”的《史记》。

建功、立业、置产、著述……用房地产营销视角来看，就是特殊人群对特殊、稀缺资源的占有。而儒家思想“君君臣臣父父子子”后来被概括成“三纲五常”，其实就是中国很长一段时期内，对社会制度和道德规范的概括。

这种制度曾一度成为协调中国社会关系的准则，但随着世界交流、融合的发生和发展，也逐渐成为遏制人与人平等交往的桎梏。曾师从弗洛伊德的奥地利精神病学家阿德勒(Alfred Adler，1870—1937)与其老师因观念不同而分道扬镳。

简单涉猎相关资料后，我才发现，在被誉为“个体心理学创始人”的阿

德勒的观点中，有一个非常值得重视的、对弗洛伊德的超越，就在于他主张“纵向的关系会伤害健康”。所谓纵向的关系就是批评、称赞、上对下的评估、有权者对无能者的关系。他主张“横向关系”，表明人无优劣，只有带着不同的出发点，往不同的方向去。

虽然，阿德勒在国内的名气远不如他的老师弗洛伊德。但是他所指出的“带着不同的出发点，往不同的方向去”，恰好解释了从辛亥革命到现在过去的一百多年里，中国从被动接受西方传教士传播的福音和报纸，到现在，有这么多人主动走出去，看一看外面的世界；也解释了中国大规模城市化过程中，人口由乡村向城市的流动；甚至从更深邃的视角解释了托马斯·弗里德曼《世界是平的》。如果说弗里德曼只是谈到了资本全球扩张过程中，产业的全球化分工、互联网信息化不断打破贸易壁垒和疆域界限，那么阿德勒谈论的更像是一场人际网络上的“平权运动”。

那么，再反过来看，春秋时期叔孙豹提出的“三不朽”，是以“立德”为根本。

但纵观今世，追求立功者，好大喜功；追求立言者，片言成书；更有修正药业为自己“立德”——“德配天地，道冠古今”。

这句话最初是1999年在修正药业通化的厂区看到，于是对后来铺天盖地的“良心药、放心药”广告也不足为奇。

仔细查阅之后，才知道这句话出自孔子故乡，藏在山东曲阜领秀峰后面的孔庙里，是明嘉靖二十三年(1544)山东巡抚曾铣手书的棂星门门牌。原文一共32个字“道冠古今，德配天地，删述六经，垂宪万世，统承义皇，源启洙泗，报功报德，百王崇祀”。其中“道冠古今，德配天地”取自明陈凤梧《孔子赞》。

在“SARS”和“疫苗”两个大事件之间，有一场关于“良心药、放心药”的讨论，讨论的背景是三聚氰胺奶粉和毒胶囊事件。说到这，不免还要提一下我在保健品和药品行业做过不多时日的几个项目（做惯房地产，权且容我习惯性把产品称为项目），其中涉及过负面新闻的，一个是“宁红减肥含片”，另一个是“修正斯达舒”。其余是“江中荷丝防脱发洗发水”“江中健胃消食片”“雪樱花丰韵丹”“雪樱花大蒜油丸”“康富来洋参含片”“龙昌钙+D”，等等。可以说在大学毕业之前，为了做好每一个项目，我已经选修了多个交叉学科的课程，从生理卫生到CIS系统，从中国富一代的发家史到“97香港回归”，以及同年由泰铢贬值引发的亚洲经济危机。随后，香港、台湾大量金融、广告、地产行业的从业者受系统性风险影响和挤出效应，在虹桥开发和浦东开放的大背景下，移居上海。

回顾20年来的广告业和房地产业，其实正好是先“立言”（出广告）、再“立功”（做项目或研制产品），不“立德”。因好大喜功而形成“假”“大”“空”的浮夸风气。

当然，以当年我和所有置身这个行业最前沿的工作者来看，尚未把视野拉伸到这个宽度。只有历经一番深彻的“断舍离”，才慢慢把这山雨欲来、浊浪排空、泥沙俱下、风满危楼的局看清楚。当被搅浑的水静置下来，渐渐成了捧在手心的一杯清茶。

十年前，一杯茶，捧在手里，映着日月，我说杯中日月都嫌小，镜里乾坤总无光；如今，同样一杯茶，我才知道，一杯茶，可浮沉岁月，悦纳大千。

年轻的时候，我们无法改变生命的长度，但可以改变其密度和宽度。如今，恍然大悟，人生的长宽高，都由心而生。

夏天已经过半，窗外嘶嘶蝉鸣。傍晚和孩子们在花园散步，小儿问我地下呜呜叫着的是不是青蛙？我说是蝉。孩子就追问不已，蝉是什么？怎么会在地下？刚好收到大连木文堂寄来的《德国少年儿童百科知识全书：什么是什么》。在大连的时候，当时在木文堂小坐，孩子们自己翻出来看这本书。我看了排版设计，编辑内容，真是十分精致。就不远千里地订了这套书，算作孩子们的六一儿童节礼物。随书一起寄来的，还有一幅字，是一工老师的手书。

孩子们正在蒙学时期，我也曾对国学十分暮念，孩子们约略读过些《孟子》《大学》。但身居海外一段时间，再加上我在房地产和建筑行业多年，对古制私塾式的教育以一边倒的方式是存疑的。那么多人喜欢推崇西方民主政治，不就是希望在人与人的关系之间有一些留白，在物权关系上逐渐分出界限。这一点在将各种学科细细分科的德国尤为显著。德国以实证科学入手，丝丝入扣、条分缕析，这种严谨也同样渗透在生活的各个环节，单把“德国教育”摘出来说，真是毫无意义。

在定居德国的朋友家里吃饭闲谈间，朋友说起2010年带孩子回国探亲，参观世博会排队的时候，七八岁的小儿被两只中年人的大屁股顶到一边，小孩子万分惊讶。这种事情，如果是我们的孩子遇见了已经不会去争辩。

昨天带小儿坐地铁，前面的男子一边看着手机一边冲上车，一屁股往最靠近门的座位坐下，那个位置是上下车最方便的，每节车厢都有，座位旁常常贴着绿色标贴，表明是给老人、小孩和孕妇坐的。男子背后的大书包顶着一个刚要坐下的五六岁男孩，小孩子踉跄着差点摔倒，男子回头看到是个孩子，嘘了一声，示意男孩坐到对面去。不知道是不是男子玩手机玩到兴头，类似在商场不挡移动门，在车上横冲直撞，这样的骨骼强健者精神羸弱。

“葛优躺”风靡全国的时候，吴晓波频道特意对这种躺法进行了深入的剖析：从年代印痕到心理投射，从生活压力大到我只想静静地理直气壮地浪费人生。与此同时，有个德国人专门收集“中国睡”的网站也晒出许多人睡在公交车、集市、街头躺椅，甚至是工作现场的照片。

这种疲惫不堪来自哪里？睡觉和拉屎这种属于本能的事情，照理来说总要找私密一点、隐蔽一点的地方，但我们已然在街头、车上习惯了看到疲劳，我们也在家里习惯了与手机对话。我不无尖刻地在玩笑中说，以前的画皮是从墙上的画里面跑出来的，现在的画皮都住到手机里了。

回国暂住的园子，远离这些现代化的文明，在上海的郊区，能听得见蝉鸣，也能看得到夕阳。闲时陪孩子散步，淡淡地走过园子里的四季。我告诉孩子们，蝉是一步一步从泥土开始慢慢爬到树上的，中国人喜欢佩戴蝉的图案的饰品，正是取其“步步高升”的意思。中国人也有一句话叫“夏虫不可语冰”，意思是说跟蝉这种只能活三季的动物，说冬天有冰是极其荒谬的。中国还有一种药材叫作“蝉蜕”，就是蝉在爬上大树的途中留下的躯壳。中国有部名著《西游记》里面的唐僧，相传是金蝉长老转世，在历经九九八十一难之后，从西天取回真经。以“金蝉脱壳”的方便譬喻来说，就是脱下了凡夫皮囊而成佛。虽然知道了这么多关于蝉的故事和传说、图腾和俗语，但面对小儿的发问，忽觉我对于蝉的认识从未有过一次完整意义的全周期观察。回到电脑前，才发现，事实上，此时在美国辛辛那提，堪称时间观念最强的动物、著名的“17年蝉”正一步步爬出地牢，在树梢枝头欢庆羽化，闹得市民昼夜无宁。“夏虫不可语冰”是我们对蝉的一种误读。17 年蝉并非只活一季，其生命周期要以 17 年蛰伏来做铺垫。

如果说美国西海岸一只蝴蝶扇动翅膀可以引发一场太平洋的海啸，那么几个星期之前，小儿在花园散步时问了一声地下呜呜叫的是什么？我终于回到故乡，在自家桌前又一次修改这部作品最后一段不甚明朗的篇章，并且在键盘敲出这几行字的时候，将这个全新的视角，以文本这种坚毅的存在形式，留存在一些图书馆里。

中国人民大学人类学研究所赵旭东先生在《作为文本存在的费孝通——费孝通先生十年祭》一文中指出了文本的存在价值。

而我手边正放着坚毅厚重的《雷圭元图案艺术论》。该书由程十发艺术馆研究员陈浩老师亲手交给我。这是一本由中国现代图案学之父雷圭元先生晚年口述中国传统图案发展史的书，其中涉及很多东方文化和美学母题。涵盖了许多我在房地产行业中对于建筑、园林、图腾元素、族徽（后来演化成商业 LOGO）的思考，也包含了我在创编《四季畅想——儿童美术创意课程》过程中，不断与上海教育出版社编辑推敲、修改，从实践中求证，并完善教材的思考。

在谈论到“场”这个话题的时候，我曾经试图从各个层面去切割，却发现用任何两个或三个维度探寻其形态，都对这个话题无能为力。直到最终，重新把课题放回到2004年上海三个高端项目“紫园”“檀宫”“十八湾”，合凑成“紫檀木”。

这个说法是谁忽然间的领悟已经无可考，在“佘山月湖山庄”的样板房里开会，“佘山十八湾”的概念规划图上，户户临水，家家有岛，我们谈论着屋顶可以停飞机、门口的水道可以泊游艇的设想。

直至2016年3月，和开启公司的前VP朱美丽女士及她那个顽童一样的神仙伴侣一起从瓦伦西亚出发，沿着自己描写过无数次，并在心中憧憬过无数次的太阳海岸一路飞驰。

马德里时间下午6:30，落日洒在塔拉戈纳地中海观景台，我们在狂乱的海风中迎着落日站立。风吹过发际，完全不是江南那种黏湿空气的凝滞与犹疑，所有的情绪在风中碎散，一时生不起，也无踪迹。

“不生不灭，不垢不净，不增不减”，抄写、品读、思忖了许多年的《波若波罗蜜多心经》，刹那如天籁与风俱寂，与光同在。“心境如镜”是后来汪总对这个时空的感悟。

一次王阳明与朋友同游南镇，友人指着岩中花树问道：“天下无心外之物，如此花树在深山中自开自落，于我心亦何相关？”王阳明回答说：“你未看此花时，此花与汝同归于寂；你既来看此花，则此花颜色一时明白起来，便知此花不在你心外。”

——摘自《传习录》

此刻，借助微信的记录，翻开我们几个人在锡切斯（Sitges）小镇上各自留下的影像与细碎言语，再去看王明阳与朋友同游南镇时对着岩中花的领悟。

站立在那个被金光涂满身体的暮色里，《金刚经》里的“三心”不可得，其实是风过之后刹那的空。这个空超越了时间，击碎了我们最最惯常使用的词组“时空”之门上的千年旧锁。“咣当～”的巨大声音叩击地面，扣开心里各种疑窦。但当时是不知道的，要不然怎么会说“道可道，非常道”呢？

这之后，再表述为可见的文字，早已经不是那时的声光电影。

在西班牙锡切斯游艇小镇上看着夕阳中各种桅杆随着风儿轻轻摇摆。游艇与平静的地中海岸的贴合，像汗毛与皮肤一样自然而然。若生硬地搬到月湖的自然河道里，真不知道又要弄出多少令人啼笑皆非的行为艺术来。这样再想想，“佘山十八湾”没有按照当时我们笨拙的想象去拼凑，倒是幸事一桩。所有的事情，是好是坏，最终你认为的好与坏，是你用语言解释出它的样子。

想起大连一个做陶艺沙龙的朋友说起自己早年买过的游艇，却没有合适的泊湾和专人打理，后来生了锈。认识这个朋友的时候，高尔夫已经是一些大连人用来呼朋唤友的方式，包括他和他的富豪朋友圈，朋友富豪圈附带的豪华太太团，还有庞大的员工团和红颜、蓝颜和票友。如此观想下去，人与人，竟都在一张密匝匝的网中。这张网细碎地道着张家与李家的成年往事和现在进行时，随便截一段出来就是一部都市剧。背景是大连的海与海上生了锈的游艇，高尔夫练习场上散落了一地的白点，还有白色的帽子和手套及全副行头。

那些事件在谈论者心目中意义重大，被小说家拿来当成原材料，被电影导演相中变成收视率，谁突然红了，谁家道中落，谁是谁的谁，谁又像极了谁写过的谁。经纪人随手一划拉，就可以划拉出几个快要蹿红的和一打已经过气的。蹿红的太彪，过气的窖藏出了酒香，再反过来扒拉一遍……

在梦中梦悟身外身，一个研究地震学的家伙刚刚从瑞士博士毕业，学科太深奥我不懂，回来和我说和经我引荐认识的姑娘掰了，我说我只是微信上给你们拉了个群，压根不知你们好过。这家伙念念不忘，我想起蒋勋《舍得舍不得：带着〈金刚经〉旅行》，舍得舍不得，都在路上。此人不悟，我也没有办法，在西方的基督语境之下拎出一句话撇给他——被爱的人掌灵，去爱的人失魂。

从瑞士回来之后，一直纠结着是不是还要再回去，我们这代人的活动半径比祖先大出不知道多少倍！徐志摩在飞机和轮船上来回折返，上面那截文字，对徐志摩和这个学霸情痴是同一副药。只是大家的药引子是红尘里不同的女子罢了。

我后来和做房地产开发的几个老总说，别墅不是谁都住得了。为什么林清玄会说这世界上的人大多数向往洪福齐天，却鲜有人能真正享清福？莳花弄草，对影邀月，研磨著述，举案齐眉！你要能红尘游遍，此心将歇未些，借着分别念，写出一点东西来，不为稿酬，不计名利。这个当下，不是谁都能得的“空”。

而非常有意思的就是，你只有在空下来的时候，慢慢领悟了别墅和园林的语言，空间和四方上下的关系，才能用更准确的方式去表述它。

再见张驷老师，才知道他中国陶瓷协会常务理事的身份。几年前因一只陶制的埙结缘，张老师给我取“若闲”的字，说我终究是不得真正的闲，给我取“适云”的号，说我适与飘在天际的一朵云相伴。张老师说：“你是学工科的，学过工科，你是在‘数’和‘空间’之间找到了相互联系的点，所以你领悟的东西比单纯学文科的多，也比单纯学理科的立体。”所谓行家一出手，便知有没有。

从经纬建筑设计院出来，陈号在路上同我说其做长三角儿童美术教育播布馆的动议，重在中小学生的美育熏陶与导化，收集各类动议与idea，推动中小学生艺术教育项目的创想与实施，重视儿童本土文化的导化。以上海为起点，进行整体思维，邀请一线从业人员与理论研究者、戏曲家、音乐家、美术家和生活美学家参加。

这些看起来瞬间形成的思考和文字，其实往前追溯可以回到佘山未竟的项目。往后推演，可能要用以太效应的观念云计算。

我们的立足点是当下，如何通过一些人，把中国传统文化与西方文明进行对接。山高人为峰，人是那个介质、那个导体，连接天地；人也是那个桥梁、那个飞鸿，贯通东西。

互联网传递不了精气神，葛优躺的画面，传达的是精气神被手机里面画皮掏空的现实。总有人无限燃烧小宇宙，也许用坚毅的文本形式对抗吸空精气神的时空黑洞，也许长年静坐在喜马拉雅山麓的雪洞，也许在自家小院里莳花弄草、刻木抚琴。

这些年，我带着孩子们游天、游地、游海岸，玩陶、玩木、玩玻璃，玩过各种地方、各种材料，听过各种故事，见过各种人，实在是没什么可玩了，回家休息，发现膝盖疼痛，跑去见医生，片子拍出来后，医生又开了个大大的玩笑，说你要换膝盖了，而且最好是去瑞士换。

我说这个真是够时髦的，就像三四年前，闺蜜让我去韩国做个整形手术，我说回国的时候万一护照和脸不符，不让我回来怎么办呢？以前学英文阅读理解时读过一个短文：有个农场主妇幻想着用一只会下蛋的鸡发家致富，鸡生蛋、蛋生鸡，如此循环往复便成了天下第一有钱人。而农场主妇做这个计划的时候，手里提着的是一桶刚挤出来的新鲜牛奶，正在把牛奶换成鸡蛋的路上，这个白日梦就因为脚下不慎绊倒了自己、打翻了牛奶而结束。这么看起来和中国的黄粱一梦也差不了多少。黄粱一梦醒来之后，还可以吃上黄澄澄的黄米饭，可故事里的农妇白日梦醒了，连牛奶都喝不上。

生活是极不愉快的玩笑，不过要使它美好却也不很难。为了做到这点，光是中头彩赢二十万卢布，得个“白鹰”勋章，娶个漂亮女人，以好人出名，还是不够的——这些福分都是无常的，而且也很容易习惯。

为了不断地感到幸福，那就需要：（一）善于满足现状；（二）很高兴地感到：“事情原本可能更糟呢。”这是不难的。

要是火柴在你的衣袋里燃起来了，那你应当高兴，而且感谢上苍：多亏你的衣袋不是火药库。

要是有穷亲戚上别墅来找你，那你不要脸色发白，而要喜洋洋地叫道：“挺好，幸亏来的不是警察！”

要是你的手指头扎了一根刺，那你应当高兴：“挺好，多亏这根刺不是扎在眼睛里！”

如果你的妻子或者小姨子练钢琴，那你不要发脾气，而要感激这份福气：你是在听音乐，而不是在听狼嗥或者猫叫的音乐会。

你该高兴，因为你不是拉长途马车的马，不是寇克的“小点”，不是旋毛虫，不是猪，不是驴，不是茨冈人牵的熊，不是臭虫。……你要高兴，因为眼下你没有坐在被告席上，也没有看见债主在你面前，更没有跟主笔土尔巴谈稿费问题。

如果你不是住在十分边远的地方，那你一想到命运总算没有把你送到边远地方去，岂不觉着幸福?

要是你有一颗牙痛起来，那你就该高兴：幸亏不是满口的牙痛。

你该高兴，因为你居然可以不必读《公民报》，不必坐在垃圾车上，不必一下子跟三个人结婚……

要是你给送到警察局去了，那就该乐得跳起来，因为多亏没有把你送到地狱的大火里去。

要是你挨了一顿桦木棍子的打，那就该蹦蹦跳跳，叫道："我多运气，人家总算没有拿带刺的棒子打我！"

要是你妻子对你变了心，那就该高兴，多亏她背叛的是你，不是国家。

依此类推……朋友，照着我的劝告去做吧，你的生活就会欢乐无穷了。

——摘自契科夫《生活是极不愉快的玩笑》

而所谓活在当下，就是有牛奶的时候喝牛奶，没牛奶的时候晒太阳。这一点，闲逸的西班牙人比忙碌的中国人做得好。我如此勤奋敲击键盘的时候，他们正躺在海滩上，赤裸身体，贫富一如。

入住在圣赛瓦斯蒂安海滩酒店，用行家眼力，抚过每一处西班牙清洁又明媚的精致海湾，停着的船鲜有豪华簇新，有好些也是旧的。游艇是一种生活方式，西班牙别墅是一种构建形态，而在地中海猛烈的大风里，粗糙的岩石、大枝的多肉植物、曝晒无余的晴空之下，有一种更重要的东西，无法用言语名状，无法用几张图片概括。

这时候才能理解，歌唱到极致，想要做MV；字写到一定程度，会想出书；而房子建造到极致，我一度以为是别墅，别墅研究到极致，发现园林比建筑更有看头。

待别墅做到极致，会时不时感觉在搭一个个人间的戏台子，搭完戏台子

就有人粉墨登场。所以这时候，自己住得偏远，想得也清晰了。早先忘记在哪篇杂记中说过：工资两千元的给月薪两万元的描画着每平方米 20 万元的奢适生活。

这种描述，在短短三十年里，让许多人揣着梦想进了城。有的在写字间通宵达旦，有的在工地上挥汗如雨。也就是这种梦想，白天黑夜地开起了印钞机，上海的轨道交通已经密集得连我都倍感陌生。

香港、台湾离上海这么近，一者繁华，一者乡土，正好像是调和出上海的两种气质。陆家嘴和徐家汇的 CBD 里藏着香港的雄心，召稼楼和朱家角的水榭河湾里存着台湾的情怀。而令人窒息的地下铁，完全是另一种样貌，也许更像是东京的“心血管系统”。

在这样的大环境下，曾经产生过这样一些项目，它们的建筑形态或承袭中国的古风，它们的园艺造景也有江南意蕴。可是在那些里面却觉得缺了什么，就像 1928 年赴法国留学的雷圭元、林风眠、吴冠中……一边学习西洋技艺，惊叹比例和线条的时候，一面思念着故乡的汤水面饼。

回国时候去看《北京遇见西雅图之不二情书》，“此心安处是吾乡”，算是对电影观众的一次深深共情。你没在去留之间几经翻转不会懂。恰恰我们这代人，在去留之间辗转反侧得太多。这些深涩的人间道理，总是在孩子

时去记住，到后来内化成了一种生命动力，记得越多，遇到与外界不匹配的时候，困惑就越多。

就以散步间隙听见蝉在地下呜呜响这件事的缘起来说，又从国人十分熟悉的一句话“夏虫不可语冰”生出许多对自然环境、人文环境的再认识。一次顿悟就是一次新生，一次断舍就是一次蝉蜕。

尘归尘，土归土，这篇文字，静固成琉璃世界的透明思考。我驳杂的履历和工作思考的碎片，拼成斑斓的马赛克。

佘山十八湾市场报告
—— 中国顶级别墅市场营销概况分析
（2004年／节选）

顶级别墅的界定（八大标准）

市场上不少别墅都在叫嚣自己是顶级别墅，并各自都有所谓的标准。以下是和声机构总结的业界公认的八大标准：

一，独栋。一定是一家独占一栋，双拼、叠拼、联排或其他任何形式的混居建筑，都不算。

二，价格高。单价在每平方米2000美金以上、总价在1000万元以上的，才算顶级别墅，也就是说，购买者起码要有数千万身家，大部分是亿万富翁。

三，面积大。占地面积和建筑面积要达到一定的指标。顶级别墅的平均建筑面积在500平方米以上，容积率不高于0.5（市中心别墅不高于0.8）。

四，稀缺景观。或有山，或有海，或有林，或有湖，或自然天成，或人工雕琢。总之，在当地的景观必须是佼佼者。

五，血统高贵。限量发售，而且房子本身是别墅中的上品，自然会像上海的老洋房一样历久弥珍，成为某些显赫家族的精神象征。

六，人文价值。可能体现在名师所建，也可能是名人曾经居住过，或者，在这所建筑里或建筑周边发生过重大历史事件。

七，贵族地段。处于城市的中心区域或十分便利的近郊。地段必须是离工作社交的圈子较近，离商务文化氛围不远，即除了自然环境首屈一指外，还要有浓厚的人文环境，这在远郊是没有的。

八，开发商实力。同顶级富豪对话是要有实力和能力的，顶级别墅的开发商实力如何体现？高端的品牌认知度、高昂的投资成本、精心的设计规划，是开发商同亿万富豪对话的资本。

中国十大超级豪宅排行榜

由中国地产联合会、美国华尔街电讯、世界地产研究院、《世界经理人》周刊社四大权威机构及世界级媒体评定的2005年“中国十大超级豪宅排行榜”于9月初公布。

名次	项目名称	开发商	项目类型	地区
1	檀宫	上海华丽家族（集团）有限公司	别墅	上海
2	汇景新城	广州侨鑫房地产开发有限公司	别墅	广东
3	金海湾花园	广州新宝房地产开发有限公司	别墅	广东
4	东山墅	北京太合嘉园房地产开发有限责任公司	别墅	北京
5	上海紫园	上海嘉城兆业房地产有限公司	别墅	上海
6	香蜜湖1号	中海地产/信和置业	别墅	广东
7	玫瑰园	北京玫瑰园别墅有限公司	别墅	北京
8	珠海高尔夫山庄	珠海国际高尔夫游乐公司	别墅	广东
9	紫玉山庄	北京紫玉山庄房地产开发有限公司	别墅	北京
10	绿宝园	上海汇宝房地产发展有限公司	别墅	上海

上海公认的可能产生顶级别墅的板块分别是：松江佘山风景区板块、浦东东郊金桥板块和虹桥西郊别墅板块。

松江佘山风景区别墅板块当时的重要楼盘有：佘山高尔夫郡、世茂佘山庄园、月湖山庄、紫园、紫都晶园等。

浦东国宾馆别墅板块当时在售及即将推出的重要楼盘有：汤臣高尔夫、东郊花园、四季雅苑、九间堂、东珠花园等。

虹桥西郊别墅板块当时在售的楼盘主要有檀宫。

而马桥、淀山湖、朱家角三个别墅板块则有潜力成为未来上海顶级别墅出现板块。

马桥板块除“绿城·玫瑰园”外，和记黄埔也将推出高档别墅项目。

淀山湖板块当时在售的重要楼盘有海源、东方金杰、桃花源等。朱家角板块重要楼盘有绿洲江南园等。

紫园

2004 年 10 月，国际权威房地产研究机构之一的世界地产研究院（World Real Estate Academy）与中国《世界经理人周刊》、中国国家地产网（re.

icxo.com）合作推出 2004 年“中国超级豪宅排行榜”。上海紫园 1 号别墅高居榜首。

上海紫园于 2005 年 4 月 23 日、24 日在北京举行了为期两天的推介会。参加推介会的多为私企老板和总部设在北京的大公司高层人士。

紫园以首推“度身定制”方式吸引众多眼球，客户可根据个人喜好和紫园的规划结合起来打造产品。以点带面，主推创下了中国大陆单栋别墅的最高纪录 1.3 亿元的 1 号别墅。

檀宫

“檀宫”位于上海市虹桥路西郊宾馆的西侧，东临青溪路，南靠可乐路，西临林泉路，北靠淮阴路。小区离虹桥路交通主干道仅 800 米。沿虹桥路向西车行 10 分钟可达虹桥国际机场，交通十分便捷，5 分钟可达徐家汇、淮海路商圈。

总占地面积 47384.6 平方米，仅建 18 幢建筑。8 种房型以欧式经典建筑为蓝本，并由世界顶尖的建筑设计事务所在境外设计。每幢建筑面积 1500 ~ 1800 平方米，占地面积 2500 平方米（4 亩）左右。

开盘时间：2004-6-1	入住时间：2005-12-31
占地面积：47384.60 平方米	建筑面积：31200 平方米
容积率：0.30	绿化率：40%
停车位：3 辆以上	楼层状况：18 套

早在 2003 年“檀宫”仅是一张效果图时，全球《福布斯》杂志就倾力向世界范围内的富豪名人推广，并与世界最具影响力的 100 名人同台亮相。在

上海举行的福布斯全球 CEO 峰会上，与会嘉宾还应邀造访。

2005年9月初，“檀宫”在2005年“中国十大超级豪宅排行榜”中问鼎榜首，立即成为社会各界关注的焦点。

同年 10 月 18 日，在上海国际顶级私人物品展上，“檀宫”买下一套 1200万元的红木家具用于装饰样板房。当时我通过业内熟人进入内部参观，那八套幽幽闪着暗雅光泽的缎面楼书抓住了我们这些看惯豪宅样板间的眼睛。缎面以不同色泽区分户型，LOGO 图案直接制成锦缎封面，像欧洲奢侈品为王室定制的服装包袋。18 套已售 10 套，10 位富豪均位列财富排行榜，购买者除一位外籍人士，其余均为内地私营企业新贵和港台商界名流，其中两位为上海本地富豪。

概念中的佘山十八湾

“佘山月湖山庄”先园后屋（先造景，后盖房）的设计理念，第一次里程碑式地拉近了人与环境的关系。打造完景观，再推出楼盘，将成为开发商市场营销推广的策略。环境、景观因素将成为衡量一个楼盘附加值的两大砝码。

坐落在佘山脚下的“月湖山庄”，就是精心打造绿色生态园林景观最典型的例子。每幢别墅占地 1500 ～ 5500 平方米雍容尺度，私家高尔夫、山水园艺大户豪宅；每户均配备顶级私家领地安保系统，保卫尊贵主人的绝对安全。世界级豪宅理应占据上海顶级名流居住区第一板块，由一湖（月湖）、一心（国际商务中心）、一圈（佘山核心景观绿化带）构成的佘山核心区精华景观区内。“佘山月湖山庄”是唯一的高级别墅纯居住社区。

6000 亩佘山国家森林度假区内，500 亩月湖湾畔，18 洞国际森林高尔夫球场旁，68 幢豪门森林别墅。其中公建会所面积 2442.1 平方米，住宅建筑面积 54759.7 平方米。小区总建筑面积 57201.8 平方米，总占地面积 401200 平方米，共分二期。容积率 0.17，绿地面积 322564 平方米，绿化率 90.6%（含绿化用地和水系面积），共建筑 113 户。

2005 年 10 月 29 日，中国首届城市中心区发展战略高峰论坛暨 2005 中国城市标志名盘年度金榜颁奖典礼在人民大会堂隆重举行。北京“星河湾”、青岛“恒基·新天地”、上海“佘山月湖山庄”等近 40 个高档楼盘，荣获年度中国城市标志名盘奖，成为 2005 年新地标。

“佘山高尔夫郡”拥有一个国际锦标级 18 洞高尔夫球场，是上海唯一的森林丘陵型球场，也是世界级设计师唯一留下签名球道的球场，提出“纯会员制高尔夫别墅社区”概念，二期发售过程中奉送业主一张价值约为200万元的家庭球卡。2004年，该项目由上海国际信托投资有限公司发行“佘山高尔夫别墅项目”信托计划。据介绍，该信托计划为期2年，产品规模1亿元，预计年收益率4.8%。“世茂佘山庄园”将推出两套2.5亿元的别墅，从而刷新中国别墅最高价。佘山的别墅群落，从自然资源到高尔夫文化，可以说是应有尽有。但是当时城市的中心距此仍显得十分远。“佘山十八湾”的定位是世界级企业的企业总部。这种项目的目标人群，是后来大家熟悉的马云和陈天桥。佘山核心别墅区五大家族，与浙商渊源深厚。那几年里，现场专案接待各种企业家总裁是不足惊叹的。刚刚在杂志上看过一篇专访，一抬头那人活生生坐在那里了。从行业来分，有两类：一种是传统行业的富豪，另一种是新兴行业的新贵。一般来说，传统行业的客户占60%，新兴行业的客户占40%。

各顶级别墅根据其所在城市的板块特征、自身产品的风格档次等对富豪阶层再细分，从而更加准确地锁定各自的目标族群。也是因为这个原因，我后来提案时对各种大小老板都泰然处之。虽然客户信息是需要绝对保密的，但是高管会议上，间或为了一些特殊材质和设计要求会说起客户信息，包括客户的年龄、行业，很快成了一组数据。由其生活方式和接触媒体的偏好，又很快形成了顶级别墅的一系列营销手法，总结为以下八种策略。

一，得奖策略。

得奖策略是指通过获得某个顶级的奖项来证明或提高项目的顶级定位。如：“檀宫”的“2005年‘中国十大超级豪宅排行榜’第一名”，“东方港湾·金杰”的“中国十大经典别墅综合金奖”，“天琴湾”的“亚洲最佳园林景观范例奖”。

二，轰动策略。

轰动策略是指炒作某一轰动性的事件来引起社会、媒体的关注和谈论。如："檀宫"买下 1200 万元的红木家具，"天琴湾"推出直升机看楼活动，"玫瑰园"声称的拍卖别墅，"财富公馆"推出国内首架看房包机等。

三，以点带面策略。

以点带面策略是指通过对整个项目中一栋或少数几栋别墅的精致打造和强势推广，带动整个项目的影响力和销售力。如：上海"紫园"主推创下了中国大陆单栋别墅 1.3 亿元最高纪录的 1 号别墅，北京"玫瑰园"推出楼王别墅爵世 258 号，"世茂佘山庄园"将推出两套 2.5 亿元的别墅，从而刷新中国别墅最高价等。

四，尊贵定制策略。

尊贵定制策略是指推出某些服务只针对业主或目标客户，以体现客户的尊尚身份。如："檀宫"仅为受邀请的社会名流和精英人士开放的样板房，"紫园"推出的"度身定制"服务等。

五，概念塑造策略。

概念塑造策略是指推出项目特别的定位或服务概念，以区别于市场同等级的项目。如："佘山高尔夫郡"提出"纯会员制高尔夫别墅社区"概念，"碧海方舟"提出"中国首席 Golf 别墅豪宅"概念等。

六，全国、全球营销策略。

全国、全球营销策略是指通过全国获全球推广，提升项目的档次、影响力和销售力。如：“檀宫”通过全球福布斯杂志向世界范围内的富豪名人推广，“世茂佘山庄园”的全球公开发售，来自深圳、东莞的豪宅在山西省临汾市进行现场推介等。

七，高端品牌联姻策略。

高端品牌联姻策略是指通过和其他行业的顶级消费品合作或结成同盟，互相提升并共享客户资源。如：“珠江别墅”特邀一些国际著名的红酒、洋酒、雪茄烟品牌进驻经营，“财富公馆”与宾利携手推出顶级看房客车等。

八，新老业主公关策略。

老业主公关策略是指邀请和组织新老业主开展各类公关或联谊活动，通过口碑宣传提升项目偏爱度和销售力。如：“天琴湾”的“圆明园国宝展专场酒会”，“天琴湾”一二期国际海岸公馆入伙活动，新老业主“听涛观月联谊会”，“玫瑰园”举行“春色满园——2004 北京玫瑰园社区文化节”活动等。

传播概念

1. 九间堂	现代中式园林大宅
2. 东方港湾·金杰	大湖气质　至高生活
3. 紫都·上海晶园	漫步佘山　自在心境
4. 紫园	建筑精品　传世艺术
5. 东郊花园	绝版地标　传承皇尊
6. 海源别墅	静泊　如此
7. 绿洲江南园	感动于天水一色的相融　激情于风云游动的华美
8. 纳帕溪谷	北美别墅印象
9. F · 天下	山水别墅第一城
10. 汇景新城	发现新亚洲之美
11. 汤臣高尔夫别墅	传世杰作　旷世殊荣
12. 世茂佘山庄园	贵族生活样板
13. 北京东山墅	朝阳公园东岸·贵胄的门庭
14. 碧海方舟	存在于别墅之上的云层建筑
15. 天琴湾	中国首席半岛别墅

分析：

从各顶级别墅的主题传播概念来看，主打的风格主要有以下四种。

一，体现尊贵身份。

如：“绝版地标　传承皇尊”“传世杰作　旷世殊荣”“朝阳公园东岸·贵胄的门庭”等。

二，体现居住者的胸怀、心境、品格等。

如：“静泊　如此”“感动于天水一色的相融　激情于风云游动的华美”“漫步佘山　自在心境”等。

三，体现项目不一般的顶级定位。

如：“存在于别墅之上的云层建筑”“中国首席半岛别墅”“山水别墅第一城”等。

四，体现项目或建筑的风情、风格。

如：“现代中式园林大宅”“北美别墅印象”“发现新亚洲之美”等。

广告表现

東山墅
万乘钦仰 只因享此一席
朝阳公园东岸·贵胄的门庭
东山墅，隐身于320公顷朝阳公园东岸。
80公顷生态园林、4.5万平米灵动水系、11大半岛组团和谐共生，
155席豪华尊邸依坡而建，前庭后院坐拥叠瀑、涌泉。
更以私家水岸线、私人码头、听水门厅、通天门廊、室内外双泳池…
彰显卓越品质，珍藏传世经典。
Central Downtown Luxury Villas
●If you are fed up with the boredom of living out in the suburbs, if you are tired of the long commute, Forest Hills is designed to meet your needs. ●Forest Hills is a 100 hectares oasis comprised of 11 peninsulas with 155 luxury detached villas, surrounded by woods,creeks,lakes and waterside banks.
FOREST HILLS
WWW.FORESTHILLS.COM.CN
VIP: 86-10-84568801
東山墅
CBD

分析：

顶级别墅的平面广告表现主要有以下四大特点：

一，画面大气、干净，无太多文字内容。

二，文字以形象诉求为主，几乎不体现促销信息。

三，结合充满美感的背景画面、别墅效果图或实景图的唯美应用。

四，主要运用的色彩为金色、紫色、深蓝色等高贵典雅有深度的颜色。

基于以上对“佘山月湖山庄”“佘山高尔夫郡”“佘山紫园”等项目客户群体分析及以往经验的总结，我们给佘山十八湾做了一整套嫁衣。佘山十八湾紧挨着紫园，当时的园林设计施工却指定了“佘山月湖山庄”。佘山十八湾做概念规划的时候，是经纬国际建筑集团。

而最终的结果却是“紫”“檀”都成园，“木”却再度易主，我此前一直认为是限墅令和各种“黑天鹅”造成的。直到将《四季畅想——儿童创意美术课程》的纸质文本捧在手中，Colorbar 实体店关门，我才明白，造园筑屋，同样各有因缘。“法于阴阳，和于术数”，一个理念如同一颗种子，有些春生夏长，有些像蝉一样要在漫长的休息期之后才蜕变成另一个形态。

对名园与名媛，树木与树人的思考在“佘山十八湾”这个项目上，有太多未竟之处，念念不忘必有回响，未竟之业最后仍旧在经纬国际建筑集团的小会议室里聊出了回响，动议为长三角儿童美育实施传播计划。而此时，传播理念与人群聚合的方式已经大为改变，用《罗辑思维》所说的“人格端口”和互联网思维之下无边界传播来回溯 12 年前的传播概念，事实上，我们已经经历了一个天翻地覆的产业变革和空间社群的结构和重聚。

第三篇　塑型作秀
——新上海商业城和仲盛商业中心

所有加载在互联网之上的产业必须要落在某个场域之中。

商业项目我做得不多，商业项目在国内也鲜见策划高手，如果把谈论这个话题的背景放大，那么这一点与中国本土工商业文明的滞后不无关系。吴晓波说中国工商业早慧晚熟，一句话，把中国本土缺少优秀广告人的病根也一并拔出来。工商业是皮，产品广告是毛，皮之不存，毛将焉附！

就在拉动内需快要成为下一个经济亮点的时候，卖场又受到互联网时代的大潮洗礼，再度将商业策划湮灭在了“B2B”“C2C”“P2P”“O2O”之类的模式之争底部。我能想起来的经手或涉猎过的商业项目，最早是南京新街口，其后是新梅广场和仲盛广场，再往后是沭阳商业街、南京路珠宝行、镇江市中心的一个OUTLET，以及2012年底入市的远洋风景商业街。中信海港城招商太古汇的时候，我已经在创办自己的儿童视觉艺术中心。

在这些商业项目中，比较值得一提的要数浦东八佰伴商圈的新梅广场和莘庄地铁口南广场的仲盛。这二者都是由香港资深广告人带领的团队捉刀，更能在具象上落点到“商场即秀场”。

没错！此处的“商场”是狭义的“商业卖场”，而此处的“秀场”，恰恰是许多售楼处里想做却不知道怎么去做，引入各种营销团队却没有很好地吸引目标人群的一条软肋。

在住宅项目销售过程中，把每个周末的活动叫“暖场”，开发商为“人气”买单，而往来人流如过江之鲫，却一点不买开发商的面子，没有为楼盘“买单”的意思。管你是现场烘焙还是手工 DIY、书画品鉴或是现场玩德州扑克，市场好的时候，售楼处里堆满抢房源的“刚需客户”，市场不好的时候，不知怎么的，“刚需”不刚了，门可罗雀的售楼处大厅，吊着华丽丽的水晶灯，映照在星光熠熠的沙盘上。这情形仿若重现若干年前，我在镇江市中心看到招商不足的 OUTLET 空载的电梯疲劳地缓缓运行。

在大连工作的时候，经过青泥洼、东港、人民路、港湾广场各个商业中心，忽然有一天明白了，为什么上海一个区的能级会高过大连整个市的能级。但是在路上忽然明白的东西，不会一字一句写下来，也没时间找数据来论证。旁边还有同事在一起逛街，也是来自上海的外派职员，我轻轻说了一句，原来一线城市和二线城市的区别，就是去看市中心最高档的商场橱窗。这话怎么讲呢？一线城市的橱窗里是国际顶级品牌，二线城市的橱窗里放着的是二线品牌。商业地产的运营，比粗放式的住宅开发要精细和复杂得多。

2013 年 3 月“大连港”拆除那天，我就在港口码头，当时入驻大连港的是中信集团，拆除大连港对大连人来说，属于“城市印记”，所以在《大连晚报》上占一整个版面也不为过。而拆除莘庄站，对上海来说，仅仅是一个“区级”性质的事件。

拆除“大连港”引入太古商业的计划在中信撤离、中海入驻之后，引入太古商业的计划也随之改弦易辙。一般而言，对商业的研判来自两个方面，一种是定量分析，也就是通过市场调研数据来推论。但这种做法往往只适合短期预判和分析历史数据。另一种是定性分析，来自敏锐的商业直觉和多维度思维的模糊地带。所谓“大胆假设，小心求证”就是先通过直觉锁定一个思考方向，并且大致规划出思考路径。

商业运营的长期知名度和景气度积累依赖于漫长的时间。比如，西班牙的知名百货在华人口中称之为英国公司，其脱胎于英国的商业模式，是要依靠长期不懈的运营，优化品牌布局和客户体验而来的。

中国的商业地产没有经历过长期的时间沉淀，和中国的工商业文明“早慧而晚熟”不无关系。中心商业地产运营，较多依赖香港模式。大连的“中信·海港城”，最初引入太古汇和金丝雀码头，本质上可以追溯到有着百年历史的英国商业模式的嬗变。在住宅项目中频繁使用的“暖场”活动，即做“秀”，是从商业地产渗透来的一种运作手法。

由于国内比较倚重于住宅发展的房地产市场环境，一度是住宅“一股独大”，一说到房地产就会想到各种住宅项目，实际上住宅只是房地产开发中的一个分支。城市综合体项目的兴起，其实是快速而简单地复制其他国家的长期经验，后来才渗入整个行业的集体反思和深度调整。

2016 年 5 月 25 日，万科上海地区合作伙伴沟通会在上海科学会堂召开。会上谈论到把业态复合、共生、互生、再生，并由产品创新建立起的生态系统称为“热带雨林产品服务体系”。业内熟悉的“万科城市花园系列”产品后来改为“幸福系”，其讲求邻里和睦的氛围，随着高端物业万科翡翠系列的开发运营，依赖于中央居住区（Central Living District，简称 CLD），有了成长为商业综合体的内生动力。

“极场理论”之商榷

办完离职手续，封藏各种情绪。然后就有了一所梦想中的学堂，色彩明快。一楼是森林，二楼是海洋，森林和海洋之间，有沙滩和陆地。在教室和手工坊之间，有一所图书馆，推窗，能看见湖山在望的别墅，别墅的树梢上，挂着柚子和橘子。

如果学校和家庭是两极，我们做学校和家庭之间的“第三空间站的一极”。许多意外就发生在放学路上，许多差异就在放学以后产生。下班以后，男人去酒吧，女人去咖啡吧，孩子应该去 Colorbar。这个关于童年梦想的第三空间站的构想，一度引起教育界朋友和投资人的关注。我其实是把职场中修炼的各种技能都用到实体店运营中去。

极场之下，不能无秀。

现场活动周周出新。有极、有场、有秀的“钻石湾”，让我一度认为这就是营销的全部引擎，而营销就是整个公司存活的命脉。等到自己创业的公司经过三年的积累，我才真正意识到产品和技术的领先可能会有“吸睛”和“吸金”的双重功效，团队配合、部门分化，岗位职责和企业创业团队的股权权限都需要一步步厘清。

“钻石湾”的滨海公园是个秀场，“海港城”的规划馆也是。对于开发商来说，这个台搭好了，做几个方案，砸些钱，秀场就自然成了。所以在“极场”与“汛能波”之间，几乎忘记了一个自然而然的“秀”。场的聚合能力是天然的，但天然的东西太慢，时光倒退，酒香不怕巷子深的年代里，凡事自然而然，慢条斯理。广告商是催化剂，作用就是各种秀。既入商界，必少不了秀，有秀才有汛。

对于大多数学艺不精的营销人员来说，活动是活动，广告是广告。就像有人非要把营销拆成五条线（销售线、产品线、广告线、活动线、渠道线）。对于高手来说，四两拨千斤，步步为营，步步为赢，仍旧一气呵成。有时候，戳中一个点，就拉出一条线。一场秀，其实还可以反复秀，秀透之后，就成了一种范式。

极场秀是人设之局，汛能波是自然规律。前者是人意，后者是天意。人意部分要用力去做，天意部分则要用力去获。

做极要奇才，做场要将才，作秀要帅才。汛能波我觉得有人手就够了，大多数情况下，势已蓄，市渐成。

极场已成，秀场亮灯。
扬手春，落手秋，一转身，天地宽。
袖底风，眼底雨，一笑过，江湖远。

当工业生产代替农业生产，农民从土地剥离，身份成为工人的人们，有了更多的业余时间，有了选举，民主，报业……当工人从工厂剥离，不再依附于机器大生产，在家里就可以敲出排列整齐的图文，就会要求更进一步的自由度。人不再被捆绑在土地上、机床前，以及特定空间里。团队的形式已经由固定的空间组成，改变成一种精神构成。这种帖子，很快就会在新时代的浪潮里翻成泡沫破碎不见。线性结构的管理扁平化以后，又结成了网状，信息流通的知沟被互联网上无数思想排泄物填平。

“思想排泄物”是我从开启夜会琢磨出来的一个名词。

昨天有个90后员工在车上说：“Rainbow，我跟过这么多老板，跟你是跟得最累的，你说的话我常常听不懂，要用很长很长时间去想，boss，我是有强迫症的你知道吗？我还是不要跟你坐一辆车，不要和你开会，因为我想不明白的事情会一直想一直想。别的老板告诉我怎么做，这样做，那样做，反正我照做就行了。我们有一次听到Esa（该员工的主管）又和你开会了，我就觉得她好辛苦啊！”

我突然哈哈大笑，我说我之前也有个老板，他说的话别人也常常听不懂，我跟着他就因为喜欢琢磨他的话。他本来只要告诉别人稿子这样改，那样改就可以了，但他不，他先给你说Lady Gaga是怎样的，希尔顿小姐是怎样的，奥黛丽·赫本又是怎样的……然后才跟你说他要怎样。

90后员工说：“Rainbow，跟你一起旅游一定很有意思吧？会知道很多东西吧？”这时车刚好开过锦江乐园，我说：“是啊，你看这个摩天轮，我上两个星期带着我的孩子去坐，结果说在刷漆，所以他们三周岁生日就没坐成摩天轮啊！我这会儿经过这个摩天轮，就可以跟你讲在伦敦也有个摩天轮，名字叫伦敦之眼（London Eye），英国BBC有一部穿越剧*Doctor Who*，里面有一个Who博士每次穿越回伦敦，就要从这个伦敦之眼上空的虫洞回

来……所以，有些地方就会成为一个城市的标志。”

我当然没有说大连钻石湾也有个摩天轮，90 后员工已经听得云里雾里。连说信息量好大啊！我说：“我之前跟你说过的那个老板，其实也有强迫症，不断地想，想完了就找人开会，会上说的就是他思想的排泄物。排泄物很多，随手记下来，就是一份策划报告，许多人就是靠吮吸这些排泄物养家糊口，甚至名噪一方的。”

中医讲“精、气、神”，这是三种不同层面的物质形态，精是物质的高级形态，就像虫草研磨成超细微颗粒，成了曾经的高级保健品——“极草”，常常以高级食物为原料，产生的就是“精”。“精”储存起来蒸腾成“气”，“气场”“气质”“气韵”，天地间有浩然正气，这些都是“精”到达一定量以后，转化成了“气”。人们越来越多地感受到“气场”，谈论到“气场”，说明物质发展已到达高级形态，正在酝酿一场高能级的转变。而“气”的高级形态转换成“神”。在精气神的层面，代谢产物是思想，在此下级的代谢产物是粪便。你的能级越低，排泄的东西就越粗劣。能级高的，体内酝酿生发的方式不同，排泄物的形式也就不同。

自已做老板，总得换种排泄方式，从实际经验出发，撇开精密的推导，排泄一些出来，构成“极场”理论之补缺。

2014.1.2

住在上海莘庄的人都知道，仲盛已经是莘闵别墅区的成熟商圈，周边有文化宫、公园、住宅区。离开中国之前，一个圣诞节前夕的雨夜，我拍下仲盛商业中心的照片。

上海八佰伴商圈的新梅广场，原本的商业定位是女性主题。为了拓宽客户面，2008 年在香港人 Alex 的广告公司做 CD，我们给新梅广场的提案是从更名到活动的一揽子计划。我们赋予“新梅”这个具有典型女性气质的名字一个英文名字“SUN MAY”（五月阳光）的品牌联想，立刻从阳光、沙滩、热风和比基尼蔓延开去。

我后来经常会谈到一个关于“通感型作家”的话题，比如，“这个人的声音好甜”就属于通感。

有些人，注定在路上悟

道，却无法在三尺书桌前等待。我从某个角度领悟了全营销的关系，却忘了营销在公司的地位就算再重要，也只是一个环节。而其他辅助行政部门亦是维持整个公司顺畅运营的重要组成。

一次出走和游历，就是一次远距离看清自己的过程。走过卡若琳娜冰川，走过羊卓雍错，走向第三极的路上，看到饥寒交迫的生存环境和那些失学留守的儿童。当我的脚步从城市走向乡村，从乡村走向无人区，关于教育公平的问题越来越清晰地呈现出来。其实，“兼顾效率和公平”这样的字句，我在做房地产的时候经常听到，也想过这个问题，但追求卓越与高效繁忙的工作，影响深度思考。从脑际一晃而过的问题在路上像雪地上新压出的车辙一样鲜明。

Colorbar于我而言，原本是一次向家长和孩子们动议的人文美学启蒙。后来，却帮助我认识了美的三重境界：大美天地，中美人生，小美四季。而我们在艺术品里呈现的是N维次的美折叠后的投影。

所以，美学启蒙，也从一开始的画面和雕塑这些表象，深入到人与人的社会和谐，人与自然的生态平衡。

第四篇　汛起钻石湾　南向八里海

——神泣，逆袭窗口期，三天狂销 16 亿

事物有某种自然的平衡，如果你往一个极端走得太远，生活将仁慈地把你带回中心。

——拜伦·凯蒂

文字的清晰来源于思考的透彻。欧洲在电商时代所体现的慢，不代表没有关注到中国正在开快车。已经在工业革命跑赢一轮的欧洲，不仅输出蒸汽机，也输出了污染。虽上一轮发展强劲，处于世界中心轮动期，却未必是新的经济增长点。

《无界》最初设想的，是一部案例集，从笔者跨度长达十四年的行业经验出发，将每一个项目从策略层面剖析。其中不仅有星光熠熠的辉煌开盘场面，也有愁云惨雾的宏观调控时期，甚至跨越了1997年亚洲金融风暴和2008年经济探底的寒冰。

在吴晓波《激荡三十年》《跌宕一百年》《浩荡两千年》的三部曲成文之际，有人问吴晓波什么是历史？

相关链接

历史是荆轲手上捧着的那卷江山

——漫说《浩荡两千年》的由来

1938年1月，东亚地区朔风正烈。瘦瘦高高的哈佛大学研究生费正清带着未娶的准新娘子乘汽轮到了上海吴淞口码头，他原本打算在这里举办一场东方式的婚礼，谁知道一周后日本军队就攻陷了上海，他仓皇逃到北京，婚礼的规模要比他预想中的小但充满了更多的神秘气氛。他在日记中记载道，“我带着新娘沿着皇宫的路回家，乘车穿过宫殿的大门，黄昏时抵达我们居住的胡同，在烛光下，我们甜美而亲密地吃西餐，屋外传来中国人举办婚礼的笛声和铜锣声”。

就在这样的文化交错中，费正清开始了他命中注定的“中国式人生”。十年后，他写出成名之作《中国与美国》。1971 年 7 月，基辛格秘密访华时，公文袋中唯一装着一本书就是它。又过了二十年，1991 年 9 月，费正清在哈佛大学的寓所中去世，此前的两天，他刚刚校刊完成一部关于中国的论著。

2004 年 7 月，我来到费正清创办的哈佛燕京学社，参加一年一度的学术年会。在哈德逊河畔，时任学社社长、新儒家学者杜维明教授问我，“你能告诉我们，过去二十多年的中国经济奇迹是怎样发生的吗？”

这是我写《激荡三十年》的动机。之后又有了溯源而上的《跌荡一百年》，然后便是眼前的这部《浩荡两千年》。在日渐干涸的历史河床上，我像一个孤独的行者，越走越远，在夜深人静的时候，挖开一些坚硬的泥土，去寻找或许存在的碎片。2011 年的盛夏，当我在电脑上敲完最后一个字的时候，突然手足无措。在我左侧的书架上整整齐齐地列着一排费正清主编的《剑桥中国史》，它面无表情地看着步入中年的我，好像一位从未离去的沉默老友。

从激荡、跌荡到浩荡，我完成了一次对中国商业历史的整体叙述。费正清曾告诫他的学生们说：“在中国的黄河上逆流行舟，你往往看到的是曲弯前行的船，而没有注意到那些在岸边拉纤的人们。”我记住了他的这句话，因此在我的著作中，有血肉、有悲喜的商业人物成了叙述的主角，在传统的中国史书上，他们从来是被忽视和妖魔化的一群。

即便走得再远，我其实也从来没有放弃当代的立场，我对历史的所有好奇，全部来自现今中国的困顿。因为我发现，中国的经济制度变革，若因循守旧，当然不行，而如果全盘照搬欧美，恐怕也难以成全，中国改革的全部难处，即在于此。所以，与历史修好，在过往的经验中寻找脉络，或许是解读和展望今日及未来中国的一条路径。能否在传统国情与普世规律之中探寻出一条中国式的现代化之路，实在是我们这代人的使命。

“你能告诉我们，什么是历史吗？”在一次演讲中，一位青葱的大学生问我。

我其实没有能力回答这个问题，我只好说，“也许，历史是荆轲手上捧着的那卷江山，展开来，展开来，才露出了闪着寒光的真相”。也许。

——摘自吴晓波在《巴莎男士》上的一篇专栏

2012 年 5 月，当飞机即将降落大连周水子机场的时候，我合上了手中的航空杂志，但“荆轲手中捧着的那卷江山”却留在脑海里。

公司总部在星海广场，为我就近安排了“城际客缘”酒店入住，这对于我来说是多么熟悉的地方——大连国土资源局所在地。2007 年春天，我和陆家嘴盛大金磐项目的企划团队一行也曾到过这里，当时的星海广场，正是整个大连城市最亮眼的城市名片。而我们当时所服务的“大连·卡纳意乡”却还在土地开挖阶段。我对大连“城市名片”最初的概念大约形成于 2007 年的那次提案，一个个缀连在道路节点上的广场和坡屋顶，最后就在“星海广场”与浩瀚的大海相连。

商务车把我接到“钻石湾”售楼处，听完工作人员的介绍，我不禁感叹，仅仅时隔5年，“钻石海湾”概念一出台，大连的城市中心正要迁移，这里才是大连最具天赋的“城市名片”所在。

那么，2007年我们所做“卡纳意乡”，以意大利托斯卡纳为蓝本，我在那片土地上留下的笔墨和情怀又是什么呢？那片用红线围合的土地不也说是要打造“城市名片”吗？

我在那个时候突然明白，梦有大小之分，名片有头衔之分，“城市名片”这个词，并不是城市中任何一片拿着华丽概念规划图报批下来的土地都可以被赋予的。土地和人一样，也有禀赋。像钻石港湾这样的地理位置，本身就具有地利的天赋。

百万方大盘“远洋·钻石湾”横亘八里海岸线，最初的竞标结果是由领航、易居、开启三家代理公司联合代理。而2012年5月风云突变，改为由开启独家代理。所谓“天时、地利、人和”，我在广州中信广场提案的时候，对这一戏剧性的变动根本无从想象，更不会想到一个月后，两支新磨合的团队以3天

16亿元的总销售金额，开创了当年中国的地产神话。

“钻石湾”的开盘在房产销售史上堪称“传奇”，天若有情天亦老，2012年6月26日这天，暴雨如注，宛如神泣。

这个数据有点过于惊人，以至于几何级数放大了对大连市场容量的预估，2012年底，各路开发商纷纷出兵，大连掀起品牌鏖战。

这一年，大连的房地产行业狼烟四起，万达、亿达、万科、远洋、中信、龙湖各自划分地界，以“品牌之战”“地缘之战”“客源之战”“价格之战”四大战役同时开展。当年年底，我以公司优异销售业绩，从项目部调任大连战略研究院，春节前夕，公司收到万科大橡塑土地的招标邀约。战略研究院

站在城市竞合关系的高度上，对每个开发商的品牌战略进行梳理。单这份研究报告的价值，直接可以成书。

我踏着残雪去万科刚刚取得土地开发权的大橡塑厂，厂子还没有搬迁，掀开厚重的门帘，走出来几个工人，他们看到拖着拉杆箱的我们还以为是摄制组的。我们看到的是拿着饭票穿着棉衣裤的工人走在摆满了各种生锈构建的厂区里，仿佛是在看一部《金婚》之类的电视剧开篇。

沿着海岸线在不同时空穿越，不用倒时差，却要倒温差。在国际大都市和二、三线城市之间穿越，甚至还要倒时空差。很可惜，一个老厂房，不是要改造成苏荷或左岸，而是要改成一片居民区。想起登琨艳的美好心愿：台湾犯过的错误上海不要再犯。在一个走过了 798、待过红坊的上海人走进大连大橡塑厂烟囱和旧厂房的时候，又 ECHO 一次。

把《钻石湾周报》写成了《钻石湾日报》

你从“房策天下”找得出来的报告，我就没必要在这里废话了。你从“克而瑞”凑得出来的数据，我也不用拿自己的短板硬跟你套什么数学模型了。至于芳芳工作室在我作为“第一财经·第一地产”签约策划人期间，还是战略合作关系。

所有的数据都是对以往经验的判断和分析，所有的分析都带有一部分主观因素，所有的预判都保不齐会飞出一只黑天鹅。对于黑天鹅和黑马，我无力预判，对于所谓三观，我也是屡屡被颠覆。所以在这里，谈一点好玩的掌故。

开盘这天，所有人都穿红色工作服，独我没有拿到。对于这一点，已经退休的公司副总裁估计看到了也会“哦？”一声。

我穿了件绿的条纹衫，不是我吝啬到非要跟开发商大喜的日子过不去，偏偏就是忘了给我发红色工作服。

我的人生只有三天：昨天，今天，明天——昨天是杂念，明天是妄想，活在当下，只有今天。

关于在媒体报刊上我拒写“明天必涨”的小插曲

在报纸广告形势一片大好之际，一个营销方面负责人让我把夹报报纸广告总标题换成“明天必涨”。

我说世界上哪有什么“明天必涨”？营销负责人以为 HOLD 不住我，是我在跟她对抗，紧接着说：“这是老板说的！”

这算什么意思？给我来了个“圣旨到！”我立刻火了，说：“要写你自己写，自己去发稿，我不写这种文字。”大概上辈子做过史官之类的，中国有司马迁，秉笔直书，总归要得罪一些人。这会儿就是这个脾气来了。

帕拉迪奥建筑 6000 平方米的售楼处暂时作为我们的办公室，宽敞的办公区，留下来加班的人并不多。营销负责人还想因为刚跟老板开过会，坚持“明天必涨”。我当然知道与甲方开过会议之后，对蓄客人数、供销比、价格策略都做了调整，销控和推案节奏都可以锚定次日的销售价格。

《无价》这本书，对于价格策略分析得非常透彻。价格策略和多少倍的溢价估值之类的概念，听起来有点悬，但是做起来是却是有套路的。这里不说价格策略，毕竟《无价》对此已经阐述得非常清晰了。在 iPad 生产出来之前，没人知道要用 iPad。

所以，简言之，在价格策略制订出来之前，没人知道价格和价值之间的背离有多少。

我不肯写“明天必涨”的原因不是对权威不服从，而是对未发生的事情不想做设定。我问“传圣旨”的同事，“9 · 11”发生前夜，你认为有多少人在纽约世贸大厦的顶级写字楼里做着明天的提案报告，或者是明年的商业计划书？还有多少人准备跟家人在下个月去度假？

我说这话的时候，甲方项目总经理正好路过。我当时没在意，后来，有一次下暴雨，我在售楼处门口工地要搭车出去。平时我会搭电瓶车出去，这次大雨，是甲方老总看不过去了，开车送我到家。

这个版本传到老板这里，说过一句“甲方再怎么好也是甲方”，话外音“你不要跟甲方走太近了”。代理公司人才被甲方挖角是常有的事，有时候挖到一个关键性的团队，就省下一大笔营销预算，跟甲方走得近，是很多职业经理人有意为之，把前公司当职场跳板。我当然明白这句话的意思，也知道当时公司内外部面临的各种微妙局面。

我再次回大连的时候，是应另一个开发商邀请，顺便去“中信·海港城”看了看，听说“钻石湾”的营销总监已经转到这个竞争对手阵营。能在一起谈三观的人不多，谈不得三观不妨，能守住“底线思维”就不错了。

但是在房地产圈子里，拼了全力出来混，都是为钱来的。我也是为钱，只不过没什么大志向，跟大连同事说：“我做了这么多项目，已经不再需要靠哪个项目沽名钓誉，只不过赚点奶粉钱。”

开盘这天，售楼处挂着“不二价”的条幅，我觉得太扎眼，这时甲方领导过来了，我说了句：“我们在汤臣的时候，1999 年汤臣高尔夫别墅‘海顿特区’开盘，表达同一个意思，用的是‘谢绝议价’。”

讲话的语气比语句本身更重要，“不二价”和“谢绝议价”分明是传递了霸道总裁和老贵之间对弈时的姿势。我对霸道总裁无感，觉得太张扬和外露，尽管我自己有时候也这样，但是有前辈告诫我六个字“和其光，挫其锐”，换成万宝龙的广告语是“智者潜锋芒”。

姿态比你说了什么都要紧，“谢绝议价”是一种姿态。但是这个营销总监喜欢“简单粗暴”。就是这样的思维，才让我写“明天必涨”。我不肯写，才成为我自己。

湯臣高尔夫球场实景

家，就在湯臣球场内

湯臣高尔夫花园即将公开

湯臣高尔夫花园

TOMSON GOLF GARDEN

●湯臣高尔夫球场为18洞72杆锦标级高尔夫球场，球场占地140公顷，绿化率97%。

著名跨国公司总裁相继入住环球场而建的别墅，这里已成为上海充满生机的上流社交生活圈。

●湯臣高尔夫花园，位于上海浦东三大开发区（陆家嘴、金桥、张江）心脏地带，与浦东市政文化中心、东郊宾馆、新上海国际博览中心仅一路之隔，

目前已成为新区市政、文化、生活中心。园区地处内环线与通往浦东国际机场主干道龙东大道交汇点，近邻地铁2号线龙东路站，

驱车20分钟即可抵达浦东国际机场、虹桥机场及市区繁华中心，出入畅捷自如。

●8幢8层欧陆风格建筑位于球场制高点，北倚景观河道张家浜河，户户正对高尔夫球场，具有极佳全球场VIEW与水滨美景的双层景观。

●花园及灯光由美国著名景观设计师Robert Egan精心设计，整个小区绿地面积56000m²，

中央绿地在主楼前呈对称分布，草坪、广场、花廊、小亭缀于其间，90%的私家花园中仅有10%的建筑。

主力房型面积：二房二厅二卫(105.73m²)～ 四房二厅三卫(196.14m²) 得房率：85%

●发展商：湯臣高尔夫（上海）有限公司 ●地址：上海市浦东龙东大道1号 贵宾参观预约热线：58339999 邮政编码：201204 Fax：8621-58338826

“钻石湾”的3天16亿元，今天回想起来，算是一生征战的奇迹。一气呵成的过程中，也有很多情绪和情结被牵动。但是那时候有一个人在前面带着你，如披荆斩棘的高手，带着削铁如泥的利器。华山论剑谁与争锋的气势，搅动了整整一场营销风暴。

当然，这个欢声笑语的场面也被我搅和得不再有趣，大家散了，睡觉。后来“远洋·钻石湾”也好、“远洋·风景”也好，销售态势良好，资金回笼迅速。甲方领导请吃饭，开庆功宴，我总是推脱不去，这大概是年轻时留下过阴影。我跟老板告假，也不扭捏作态推说自己生病之类的话，只发过去八个字“一人向隅，举席不欢”。

在汤臣金融大厦上班的时候，我喜欢一个人跑到楼顶吹风；在汤臣高尔夫球场上班的时候，我喜欢一个在别墅区散步；在“远洋·钻石湾”上班的时候，我沿着八里海岸线，一步步走，一步步思忖；在“远洋·海港城”上班的时候，我喜欢一个人在海边坐会儿。

后来，这些工作中放空的过程，被有的职业经理人告状到老板跟前，无非是认为我孤高难相处。而我仅仅是累了，只想放空一下。

随着对建筑和空间理解的深入，这些年，我在谈论建筑的“体”和“用”的时候，也会更看重“空”。但当时我无法为自己的“自说自话”辩解。在头脑中生产产品的人，观念就是产品，再把观念具象化到图形或者文字。等到能够读懂这些文字的人在读到这些图表和文字的时候，读到的是一些已经加工过的信息了。

但是在项目现场，从土地、风、树木、花朵、砖石、铸铁这些自然界材质中读取的信息，从场域中感受的心理图式，只能是一场艰苦卓绝的独自精神长跑。

电视剧《康熙王朝》中有一段收复台湾的剧情，启用了“罪臣”姚启圣。姚启圣当时还各种摆谱，但是对于水师，他就是要比别人了解得更透彻，对于各种潮汛，他就是具有丰富的经验。贵为皇族的大阿哥和尊为一品的明珠，在这件事情上，只能作为辅佐，不能成为统帅。

所以，在什么时候，让谁掌握帅印，就成了关键。选“仕”的本事，比起作势又更胜一筹。这个“仕”，接连着天时、地利、人和三个要素，得是块顶天立地的料子。

从这里去理解建筑中的“栋梁”和人才中的“栋梁”，又是同一性的问题。所谓中流砥柱，重要的人，总是承担着更多的责任。台湾作家刘墉说，好孩子是世界的。他们做了医生、律师等各种行业内的精英翘楚，却不能陪伴父母承欢膝下。父母们不能一边希望孩子成龙成凤，一边又像鸡笼子一样圈养孩子。但是常常使我们困顿的就是这样的两难，也就是这样想求得世间“双全法”的那一念贪心。

在游历名山的路途中，看到历代传承下来的那些精美石雕，工艺精湛的雕梁画栋，古老的石树瓦砾，无声地诉说着多少楼台烟雨中。从这样的大视角回到现在操盘的项目上，不会认为那是千斤重的担子。

而所谓“治大国如烹小鲜”，正是在一件件事情中，练就泰山崩于前而色不变的气定神闲，出将入帅、运筹帷幄。一旦时机成熟，借东风、借草船、借潮汐……

天地万物，日月星辰，揽月入怀，借来一用。如此看来，连一场SARS也是一个可借的事件和时机。有时候，只是当局者迷，自己还没有看到，就成了风口上的猪，飞了好久，还以为自己身轻如燕。

“好风凭借力，送我上青云”，这是曹雪芹借薛宝钗在《红楼梦》最后一场诗会中说出的词。

而在“钻石湾”开盘之前，我们在商讨媒体策略的时候，陈总忽然说出了这首诗。随后，一场空前盛况的媒体运动悄然轰动大连。

咏菊

唐 · 黄巢

待到秋来九月八，
我花开后百花杀。
冲天香阵透长安，
满城尽带黄金甲。

此两首诗词，时代背景大不相同，借物抒怀，却是各含深意。我说的这个潮汛，在这里可以画一个休止符了。

“钻石湾”后来价格回落，这笔账不应该算到我头上，我当时就是个空有总监头衔却埋头在售楼处苦闷加班的资深写手，连奖金都没拿到。当然笔杆子里到底流出了什么？在《罗辑思维》最新几期的微信平台中，出现了一段关于“定位税”的口播。我某天和小镇上的人聊天，我说我并不去追着买海边的房子，我太知道海边的四季是怎么一回事了，加之我以前的工作就是“重新定义市中心”，知道所有的价值和价格都是人为赋予的。我试想过在一个满是钻石的星球上，淡水比钻石珍贵。青岛和大连，在《阅读大地》里结成了我回不去的一抹深蓝，现在家中四面白墙，我用灰蓝色二手木质家具布置出来，看岁月流沙，时间留痕。

所以，现在的生活，已经不是在别墅里寻求与世隔绝，反倒是结庐在人境，真就是耳无车马喧。

以“钻石湾”的广告语（Slogan）为本篇收官——从此大连弯向世界。

第五篇　场能“殇”与“熵”
——太湖·天阙十年成城

四场史无前例的迁徙，有人统计说，每年的春运高峰，总人数超过了第二次世界大战期间运输士兵的数量。

黄永玉在一次访谈中说，我们这个时代像一个眼口很大的筛子，筛筛筛，好多人被筛下去了，剩下几颗粗的没有掉下去——我们是幸运的。

羊年的大年初一，小说《狼图腾》被搬上荧幕。

小说以强悍的边疆民族对应于狼性，将温柔敦厚的儒家文化对应羊性。《狼图腾》以作者在草原生活体验和历史维度展开思考，纵观秦吞六国、成吉思汗横扫欧亚大陆，康乾盛世开疆扩土……游牧特征的草原文明更具有先进性的“优势文明”，我一度对“游牧文明”的先进性深信不疑。

我通过在房地产行业的切身体验，钦慕欧洲古典建筑保留完好，民风淳朴，中国城市这 30 年来大拆大建、大兴土木，人们大举迁徙，社会失序、家庭失和……既无奈，又悲哀。

旅居欧洲，参观了博物馆，逛二手跳蚤市场，交往了一些欧洲的朋友，看到穆斯林在欧洲留下的踪迹，与各种肤色的人交易买卖生活物资……渐渐从生活细节中感受到一个老牌帝国主义所宣称的民主和自由，与中国孔孟宣称的仁政一样，是一种政治理想。

再深入欧洲的“建筑年代”，“城市化”的概念早在第一次工业革命时期就已经循序渐进地发生了。萌芽于英国的第一次工业革命始于 18 世纪 60 年代，此前，英国的人口结构也是八成农民。

西欧相比中国，只是 18 世纪中叶的新古典主义建筑更多。西欧现存的经典民宅大厦、桥梁港口，大多数是 19 世纪重建的。随后，煤炭、矿产、纺织等劳动密集型产业改变了人口分布，1830 年，英国城镇居民占比约为 50%。人类史上首次全面城市化过程，蜂拥建房、给排水不便、交通拥堵、卫生环境堪忧……

19 世纪 40 年代的巴黎，一场瘟疫使得中心街区死亡率高达 5%。随后，在拿破仑三世的默许之下，塞纳省长 Haussmann 对巴黎中心进行彻底拆除，其中包括教堂。在巴黎的成长史上，这段长达 17 年的治理，耗资 21 亿法郎。

《雾都孤儿》是英国作家狄更斯于 1838 年出版的写实小说。1862 年，雨果亲历巴黎的城市化和民众的颠沛流离，《悲惨世界》（又译《孤星泪》）问世。

在文学作品中，作者丰富而细腻的笔触细达心灵。在建筑史上，1870 年的巴黎，大量学者和艺术家认为，这场拆除和建设是对巴黎几千年文明史的践踏，新建的马路和高楼奇丑无比。接近 19 世纪末期，西班牙的 Arturo Soria 学派开始主张“尽可能折中地解决旧街区和新技术的冲突”。

中国的城市化比欧洲晚了 150 年，这 150 年间，又经历自身文化的冲突和外来文化的植入。并不是中国大兴土木这 30 年，才造成建筑和文化的断层。现在回过头来看《阅读大地》有深切的“土地情结”。

我在公司面试分校校长时，一个应聘者向我描述了她做水利工程的双亲，以及她出生在水电站，并从一座水电站漂泊到另一座水电站的童年。最后一站，她的母亲长眠不起，所患的重病，用光医保也不足支付医药费。她于是来到上海，希望通过教育行业迅速赚到钱，以偿还欠下的医药费。我想起了一个课本上的词——“南水北调”。

评判和偏见来自视角的局限，无论从视角的宽广度还是从时间的纵深度来看，当时的理解都带有明显的个人印记。也是在有了这些对浅表认知的反思之后，才知道做学问，有“勤、谨、和、缓”四样。这和我在之前篇章提到广告行业“假、大、空”刚刚好是两个方向。

在一个方向上走得太远，自己很难觉察。游牧民族是否比农耕文化更先进？被妖魔化的“科举制度”在欧美学者眼中，当放到隋炀帝的年代背景下谈论，放到全球视野来看待，反而是使社会阶层保持流动性的先进制度。

“勤、谨、和、缓”是胡适在大学里对研究文史哲的人提的建议。仔细思索自己之前认知的局限性时，随着时代长卷慢慢打开，脚往外走，视角放宽，才能更耐心地审视自己之前思考的死角。不想彪炳自己更爱国了，只是更平和了。

在传播学领域，鲜有人提及能量学说。但在售楼处沸反盈天、人头攒动、摩肩接踵的现场，我常常回想起大学化学课程中的一个概念——“熵”。

中国现在的情况，无疑就是一个高“熵”的时代。从更为广域的时间维度来看，我们的父辈上山下乡、插队、支边支内是一次大的迁徙，将城市人口向边远地区输送，起初是“知青”，也就是有着一定学历基础的人口，支援老少边穷地区。但这远远不是国际通行的“志愿者”行为，而是一项政策。

随后，十年，也许更久之后，知青面临叶落归根。在抛洒了青春与热血的土地上，他们找不到归属感，在不曾留下青春踪影的故乡，他们也没有良好的经济基础和人脉。亲人之间的疏离感，几乎是一部带着些许孽债和归来的伤痕文学。

接着，改革开放，试点的圈虽然画在了南方，而如火如荼的年代，又恰在上海浦东发力。伴随而来的是境外人士的大举入境。产业结构随着外资引进而发生巨大调整的 20 世纪 90 年代，中年人的失业潮唱成一支哀伤而不能恸哭的挽歌。

在媒体上，我们见到高楼拔地而起，隧道、桥梁、轨道交通不断通车这类振奋人心的报道。但这些市政工程和新建社区背后却背负着一次次的搬迁。所谓不破不立，这个“破”与“立”的大手笔，几乎让每一个工地都住满了撇下妻儿进城务工的建筑工人，也在每一个售楼处都挤满了手握资金等待摇号的人们。

城市与乡村的界限越来越模糊，城里人与农村人的穿衣打扮越来越相近。高校扩招，乡村留不住的年轻人，像是走了一条与当年知青刚好相反的路径，毅然向着城市进发。

在我离开故土踏上西班牙的土地时，经常会被问及："你在国内有这样好的资源和学历背景，又有自己的企业，为什么要到这么个小镇来居住呢？"

我是在往返迁徙中疲惫不堪的老鸟，内心深知，要在水草丰美的地方休养生息。而这里安稳的气息深深吸引了我，每年春天，火烈鸟在绯红的盐湖低头啄食。

整个世界连接成一张网，每个人都成了互联网网格上的一颗粒子。用能量学说来看待"引力波"事件，信息从一个头脑传达另一个头脑的方式，不是以媒介形式为划分，而是以人群来划分的，人与人的联系方式又以"人格端口"为入口。而这张网不叫互联网，叫作"心联网"。

对个体而言，头脑边缘模糊地带的信息公路断口，则可以通过互联网来过桥。每个自带知识系统的人，都是一个设备终端。几个人在一起就是一个局域网，当这些高智局域网在一起交谈、娱乐的时候，发生的微妙人际关系，就是把局域网接入广域网的过程。

农业社会，农民依附于土地约2000年；工业社会，工人依附于机器约200年，电脑进入办公室，“白领”依附于电脑已有20多年。随着电脑终端便携化，任何固着在土地上的形式都不再成为人们依附的必然条件。

故土难离和叶落归根的说法显得有点过时，生活在别处的人们遍地皆是。我以前说人们的生活状态，有一种是榕树式的聚集，祖祖辈辈盘根错节在同一个村落或同一家小工厂附近、同一所大学或同一个街道，一副子承父业要过几辈子的架势。

但之前所提及的几次出城与返城、进城与回乡的“分子运动”，中国就像一壶烧开了的水，由固态变成了液态，液态又变成了气态。激发出高能态电子，跃迁到更高更远处。

分子运动的结果，总要有一些开始固着下来。在量子力学领域，波粒二象性（wave-particle duality）是一个重要概念。波粒二象性是指所有的粒子或量子不仅可以部分地以粒子的术语来描述，也可以部分地用波的术语来描述。亦即在量子力学里，微观粒子有时候会显示出波动性（这时候粒子性较不显著），有时候又显示出粒子性（这时候波动性较不显著）。

将人类的社会行为视为物理学范畴的粒子并不是我的首创。高能级的人具备跃迁电子云的能量，也很适合用以解释农村百里挑一的学子通过读书考试进入大学，从而改变生存方式的现象。

在这样的逻辑前提下，就不难看出，项目前期蓄势充足，就具备了将势能转化为动能的条件。

由于我在营销领域中，是比较少有的具有工科学历背景的人。“大连远洋·钻石湾”项目的营销过程，以及在“中信·海港城” 的宣传片制作过程中，是势能转化成动能，粒子特性转变成波动特性的过程。

许多心理学家在研究心理学的时候，渐渐与物理学家汇合起来，发现了人体各个气轮的能量，其实是能够用光谱来绘出的。脉轮是人体的能量中心，位于身体的中轴线上（中脉）。人体一共有七个脉轮，身体底部的脉轮从海底轮开始，主导本能部分，而靠近身体顶端的脉轮，从顶轮开始，影响我们的思想部分。理想状态下，所有脉轮呈现平衡状态，并对我们的情绪和感觉发挥正面作用。

从巴塞罗那的老皇宫俯瞰全城，城市中轴线的灯光次第亮起。城市的中轴和人体的中轴有着异曲同工之处。在《阅读大地》中提到过城市有性别之分，将城市人格化的思考，从那时候起就没有停止过。

在身体出现极度透支的情况下，我从练习瑜伽开始，渐渐领悟了脉轮的作用和关系，而在理论基础上，又具有大学物理的学习基础。

在进入开启战略研究院时，一接触陈总所说的“极”“场”理论时，就立刻心领神会。“钻石湾”三天开盘，堪称一场由媒体运动策动的全城性舆论导流，也就是一种能量蓄势并转化成波的过程。开盘前夕，蓄势已毕，开启战略研究院判断出人流、资金流动的向度，将与舆论的向度呈现出“同向性”。随后蓄势不发，只积累客户，不公布价格，此谓“引而不发”。

这时候，我手中一支笔已经变成一支剑。

侠客行（节选）

唐 · 李白

赵客缦胡缨，吴钩霜雪明。
银鞍照白马，飒沓如流星。
十步杀一人，千里不留行。
事了拂衣去，深藏身与名。
……

《庄子·杂篇·说剑》在度娘眼里是一篇假托庄子之名的策士之文，将剑分成三种，分别是天子之剑、诸侯之剑、庶民之剑。其中对于天子之剑的论述极为精彩。而更为精彩的是庄子“入殿门不趋，见王不拜”，等到赵文王问庄子，你的剑有什么厉害的地方？曰：“臣之剑，十步一人，千里不留行。”这里，庄子与赵文王讨论的是剑的“器”，而后才说了剑的“术”。

当营销思想越来越回归圆心，用一石激起千层浪的思维方式，在一个点上做局作秀做透文章，这个点也就是靶心，而随后通过意见领袖的传播，就是一场能量转换过程，将动能和势能转换成波的形式存在。在人际网络时代，“波”与“播”是一个意思。

如果说房地产的地缘属性让产品无法轻易被挪动。那么，房地产开发商依靠什么来实现可持续发展呢？

在不断跑马圈地的过程中，每一宗新的地块，就像是一个新的剧本。而全套的原班人马，要演绎出不同的风情和故事，要有上座率，就离不开土地本身的丰富表情。

可惜，土地的表情深邃，若不是那些具有超常觉察力的“听风者”“马语者”，一般很难从坚硬的土地中，读出他们想种出什么样的建筑来。

赖特 (Wright) 是西方建筑界非常具有争议性的人物，他所谓的有机建筑，就是让建筑感觉是从土地里长出来的一样。这个念想是一个理想国的悖论。建筑如果完全融于自然，那么必须摒弃科技和现代属性，要么堆石、要么伐木。

堆石、伐木所营造的空间，当然有了自然的意味，但这样的话，人类不如住回山洞去。而事实上，现代科技和太阳能集成板、钢结构和新材料，正为居住带来一场史无前例的颠覆性革命。

移动终端实现了人类一次全球性的网格重新规划，原先的行业壁垒被打破、原先的居住属地被打破、原先的人际关系被打破。这三项破冰之举，把居住从原生态迅速带离，更快地推向“家”电和互联网集成、人机对话。当居住的空间可以模块化组装后，“家”本身就成了可以移动的终端。经常在欧洲看到人们开着带有太阳能集成板的车，车上挂着自行车。那些将徒步、骑行、驾驶交叉使用的人们，把家带在路上。

人们开始在路途上寻找生活的意义，家也就成了可以移动的终端。法律和通讯方式、语言交流和野外生存技能的提升，成全了一部分人实现“房子”与“人”的剥离。

波伏娃和萨特曾经尝试过的“契约式婚姻”，实质上就是眼下从心理学界流行出来的“灵魂伴侣”的说法。剥去沉重的“物质”外壳，人类灵性层面的游舞更加轻盈。“家”的方程式，不再是一套房子套住两三个人一辈子。有太多的可能性，从各种信息端口接入。孔孟之道所提及的君臣父子，本来是一种祈望“长治久安”的顶层设计。从田舍郎到状元郎的过程被设定的无比漫长，得是“十年寒窗无人问”的苦读，历经乡试、殿试的种种路途艰辛，才能有“金榜题名天下闻”。

一种心识的获取，对于像六祖惠能这样的南蛮之地穷人家孩子来说，也是要经历千辛万苦，翻山越岭，才能找到五祖弘忍门下，虽然半部《金刚经》开悟，也得按规矩，从扫地僧开始打杂，历经千辛万苦，方得传衣钵。传了衣钵，机缘不具足，还要隐姓埋名，躲在猎户中生活十余年。

那么，当人类对知识版权、人身安全的法律保障逐渐清晰起来，对于发表文章和研究成果的时间也逐渐有了更好的固定方式。我们也早已明白，技巧的娴熟需要假以时日，而心识的聪慧却依托于天资与禀赋。学校的教育方式在不断地被挑战，“翻转课堂”的边玩边学，小组化学习方式，将兴趣相近的人们很小开始就进行分组。这些小组甚至不以空间维度为阻隔，随时可以在 WeChat 的群体中发生。

那么，《第五项修炼》所说的“学习型组织”的组织形式就接替了大学排名。“学习兴趣”成了最终导向。

地球村的村民，也许会以“聚落”的方式重组，房子与主人之间的关系更像电脑硬件与软件的关系。房子提供的庇护属于硬件部分，主人相互的参访聚集构成软件，时间成本反而成为考量划算与否的第一要素。越是在“时间维度”思考问题的人，越容易认同这样的观点。

在《金牌文案是怎样炼成的》一书中收录过“禺园”的楼书。这本楼书详细描摹了从“春申景城”到徐家汇 20 分钟车程的过程中，心理活动与车外景物的变化相互交织。事实上，车程、光年是同一性的计量单位。跨国公司的“空中飞人”体会到的空间距离与足不出户的老人是完全不同的。

当“心联网”把越来越多的人接入全球化的广域网中，历史、文化、宗教的许多偏见会被改写。记忆力的天赋意义会渐渐不那么具有优势，而逐渐被心识觉察力和头脑领悟力替代。

这就是发展上三轮能力的人，更容易与别人相互交往。而依托下三轮的链接关系反而不那么重要了。榕树继续扎根，蒲公英花雨满天。榕树的根从哪里开始生发？在《薄伽梵歌》中，榕树的根是从空中扎下的，我们只是从其终端看到了人间的镜像。

2016.3.30

第六篇　波粒二象性
——圈层策略播与波

西班牙，弗拉明戈之舞

任正非平时很少露面，但是他出现在了 2016 年 2 月 22 日开幕的世界移动通信大会（Mobile World Congress，简称 MWC）上的华为展台，并在随后的一个闭门会议上，回答了一些意见领袖的问题。

2016 年 3 月 15 日，李一男在深圳市中级人民法院受审，检方指控李一男和他的妹妹通过内幕消息炒股，获利 700 多万元。李一男 27 岁任华为副总裁，曾与任正非情同父子。

两段分别从微信号“EMBA”和“大国互联”上摘取的文字，在 2016 年 3 月 25 日，随着公司副总经理用微信发信息提出离职，将我的视域带向远处。

在西班牙的圣周，整个小镇都沉浸在节日的欢庆中，随着瓦伦西亚的法雅节，接连着随之而来的是遍及整个欧洲的复活节。春天的气息中，我们犹能遥想犹大与耶稣的传说。在当下的中国，冠以“干儿子”般情同父子的企业代际传承中，从黄光裕、陈晓，到任正非、李一南；从王石、郁亮，到大娘水饺……

唯亲唯贤、是非成败，都是旁人和后人的局限性知见。任正非用黑天鹅飞不出咖啡杯来隐喻“黑天鹅事件”。如果不能理解他当时说这句话的隐喻意义，断然从那篇文章来看，任正非的话好像是太过高调了。对一个大器晚成的实业家来说，这个时候，说这样的话，是容易理解的。

时代经济的大潮涌入电信领域。忘记了是谁说过，你不可能在每一次浪潮中都置身潮头。从 20 世纪 90 年代火爆的保健品和药品行业，2000 年以后逐渐升温的房地产行业，2008 年前后火热的家电行业，直到日前风头最劲的电信通信行业……顶层设计的变动，牵连了各种行业重新划定边界，犹如各种行驶中的车辆重新规划路径。

这中间有真空地带，也有潮汛。所谓的三流的操盘做“事”，把该做的事情都做好了，多少总能卖掉几套房子；二流的营销做“市”，门庭若市的场面，引得老百姓买涨不买跌的心理蠢蠢欲动；一流的操盘做“势”，做的是一种气势，堆叠的是一种精神高度，鼓吹的是一种生活态度。这种价值观的认同形成一种意见和舆论导向，从做“势”到做“市”，一气呵成。

“中信·西关海”之前，我已经有过多次做公关活动的经验，但以全年度公关活动启动项目开盘的经验尚属首次。如今看来，2012 年 5 月为“中信·西关海”做的年度公关活动其实可以作为“仲盛世界商城”“新梅广场”年度营销活动之后，我在商业地产营销经验的一次全面整合。

随后不久，我相继调任大连、青岛等城市工作，迅速在项目和城市间切换的匆匆那年，在各种不同风格的营销中心移动，在各色人等中穿梭，行业转型期，顶着巨大的销售压力的地产人边熬边悟，边破边立，且战且退，最后把冗长繁复的策划报告和报批流程细分成了每个月不同主题的小战役。

我和任正非之间只差一杯咖啡。

每年巴塞罗那的 2 月至 3 月初，都会迎来全球的科技企业。2019 年世界移动通信大会于 2 月 25 日至 28 日召开。11 万专业人士参加，来自全球 200 多个国家的 2400 多家通信公司，把这里作为新产品发布会和竞技舞台。

低熵——动物王国里的植物式生存

晚间，搬回一棵大植物。西班牙时间晚上 10 点，小小地兴奋了一下。散尾葵安置在沙发一角，白掌放在电视柜边上。地中海蓝的家具，像是在二手商店等我去领回家的。

阳台上的月季花已经开了，一个花骨朵不知什么时候咧开笑脸，露出了美丽的嫩粉，我在啃一根黄瓜，绿色弥漫在空间里，地面擦得可以照出人影。

忽然想起在国内卖掉的几套房子，一套位于虹桥机场附近的顶层公寓，当时是以汤臣员工的内部价格买来的，2000 年的时候，我的同班同学们几乎还没有思考过“买房”这件事。

房子买来之后，我自己跑装修，只住过两三个晚上，之后租给一对在虹桥国贸上班的韩国夫妇，女的名字我到现在还记得，叫“金花”。房子每月的租金减掉月供，还有几百块的盈余。

现在的我，已经不用考虑“几百块的盈余”这个问题，我刚把从厨房收集的“厨余”放在阳台上，用地中海温暖的自然光做成酵素。

但是在当时，买房这件事却在我的家人、同事、同学中引发过巨大的质疑。家人的质疑是：你一个小姑娘，买房子干什么，那不是应该由男人做的事情吗？同事的质疑是：这么偏僻的地方，公司又在浦东，全公司这么多高管都不买，这剩下来卖不掉的尾盘，你买来做什么？

我大学本科学的是“塑性成型工艺及设备”，辅修专业是外贸商检。背景知识包括大学物理、理论力学、国际金融和国际贸易。当时我已经有过在三家广告公司就职的经历。

这一年，我对于广告行业各种专用名词和技术术语的理解，比许多广告系毕业生更直观和深入。但这个“不知道自己知道”的年纪，我很容易被别人的意见左右并动摇。

在西班牙小镇上，有时候打开手机，一边看到“中国儿童慈善基金会”的微信群里，会援助一些意外烫伤、先天残疾、遭受家庭暴力的孩子们，一边又看到另一些人晒着类似于“父母老了，你该常回家看看”的孝心贴。曾有千言万语、各种困惑和愤怒的我渐渐平静下来。

有一天，在五台山吃禅茶。我说孝道是对国人头脑的禁锢，你不要告诉我什么父母恩重难报，我这里有一堆被父母打成脾脏出血的孩子等着救助；你不要告诉我什么兄友弟恭，我这里还有一堆感谢同学不杀之恩的例子。且不说现在资讯这么透明，就连在明末清初，曹雪芹借《鸳鸯女誓决鸳鸯偶》这一出，已然写出了鸳鸯被大老爷看中，宁可做老太太身边的贴身丫头，不肯去给大老爷做偏房，却屡遭兄嫂逼婚。若说谁给了兄嫂这么大的权力？不是有“长兄为父”的说法吗？

所以，当2000年我用贷款买房这件事，往大了说，其实是一个女人的经济个体“独立宣言”。恰当的价格、恰当的时机、恰当地用掉了我一部分的工资，也恰当地开始了“修身、齐家”的自我完善之路。但当时我并没有在这个大背景下思考过这件事情的意义，我只是希望在万家灯火里，有一扇亮灯的窗子，那是我安稳的栖息地。

与金融、地产行业的人打交道久了，就会渐渐明白，我从骨子里还是喜欢和广告公司的人一起吃排档、喝啤酒，而不是跟着金融大佬去海鲜酒楼等着服务生给你上鱼翅、斟酒。但是，我那时候想要一个充满职业感的起点。浦东开发一日千里，金晃晃的汤臣金融大厦，就伫立在世纪大道四条轨道交通交汇的枢纽上。每天从全球银行家和实业家进出的大堂进出，成为我履历亮闪闪的开端。当时，公司有一个虹桥地区的项目清盘，整个公司从台湾籍高管到中层精英都不想要，而我却买下一套顶层公寓，这成为我人生的第一次置业。

《申江服务导报》有一次做了一个专题，是采访美丽老板娘的题材。我作为被采访者之一，当时被问了一个问题：你人生的第一桶金从哪里来？

我好像从来没有认为我有过“一桶金”，所以我说还没有啊，都是自己打工慢慢攒的呀。但现在回想起来，从2000年买进这套房子，到2004年春天卖出，我正儿八经只住过两三个晚上，有一次还是因为搬家太累了，没力气乘车回到租房子的地方，在这套能看到飞机起落的房子的地板上睡着了。我不知道自己的人生长跑，竟就因为这一件小事，跑赢了很多人。

我的初衷很朴素，只是在万家灯火中，有一扇为自己亮着灯的窗。而事实上，这套房子的收益大于400%。我当时不会算账，只是在卖掉的时候说了句：“我四年赚到的钱，比我的父母两个人一辈子赚到的还要多。”

有些人太聪明，十鸟在树，挑来捡去。我这种从广告公司混进地产公司的人，在聪明人中间是笨的，一鸟在手，不管股市涨跌，也不问楼市阴晴。后来知道“金融杠杆”这个词，直到从厦门大学金融系毕业的朋友那里知道怎么做杠杆买房，我当时这第一桶金，如果有些财务方面的知识，沿着这条路，可以很快从“第一象限”，跳跃到“第四象限”。

罗伯特·清崎的《富爸爸，穷爸爸》对被雇佣者、自雇佣者、经营者、投资者这四个象限的人生状态进行过清晰描述。而我是那种不紧不慢、不跳级也不留级、不冒尖也不垫底的学生。

从进入汤臣集团作为企划文案入职，我所理解的“房地产”是一堆广告语和建筑类专业名词，十多年后，在开启战略研究院工作，才意识到汤臣抛售虹桥地区的地块和物业是真正的战略决策。当时外籍高管不买，是因为没看清上海乃至整个中国的发展趋势，没有太大信心；上海本土的中层精英不买，是因为没有预见城市扩容的速度，十几年前，虹桥太偏远。

房地产开发商以全球战略眼光和城市板块定位来判断，当时的虹桥已是红海，浦东是蓝海。2013 年当我正式创办 Colorbar 儿童视觉艺术中心时，已经体验职业、专业、跨界创业的职场三态，而我对于“自由”的思考还在深入。

整个职业发展线索干净利落，但不是职业经理人的线索，而是一个经营者或投资人。不是 X 轴和 Y 轴向度上的攀升曲线，而是有 Z 轴向度的发展路径。这个路径，经历过罗伯特·清崎谈及的所有象限。

在这里谈论这些话题，一方面算是我对自己驾驭“无界”这个题材的背书，另一方面是想谈谈“自由”的体会。

“财务自由之路”是我看了《富爸爸，穷爸爸》之后一直在思考的问题。就我所理解的财务自由有两层含义：一是保障了尊严和体面的生活，二是书中定义的“投资性收入大于工资性收入”。

所以，人们通常说的“有钱有闲”，就显得很粗糙。什么叫有钱有闲呢？在佛罗伦萨漂亮的广场上喂鸽子和乞讨，并且收入颇为不错的乞丐，算不算有钱有闲的人？

我会去思考这个问题，因为我在大连的海滩边看着老人带着孩子戏耍，会想起网络上曾经流传过的一段渔夫和退休的百万富翁的对话：

百万富翁：你为什么不多打些鱼，做成罐头，然后成为流水线，再卖到世界各地？

渔夫：那样很辛苦，我为什么要那样做？

百万富翁：为了成为百万富翁。

渔夫：我为什么要成为百万富翁？

百万富翁说：可以在海滩上晒太阳。

渔夫：我现在早早归船、晒网，正在海滩上晒太阳。

想起了这段对话，忽然明白了这中间的一些差异。

渔夫获得了闲暇时光，但是他传递给孩子的是关于打鱼的经验。李嘉诚和渔夫如果同时在海滩上晒太阳，并且都带着自己的孙子，他们传递给后代的精神财富是不同的。

西班牙经济环境不理想，但是却拥有全世界羡慕的平静海滩。海滩上隐藏着多少像《速度与激情 5》中那些逃出生天的枭雄，藏在海峡的小船上，曾有多少被黑手党追杀过而隐姓埋名的人，还有多少像《时间的针脚》里有过传奇经历的人隐秘生活在这里，全都不得而知。

在瓦伦西亚，听过一些收养华人孩子的欧洲家庭。也刚好在腾讯新闻上看到被美国家庭收养的中国孩子对身份认同的困惑。而在德国，有权知道自己的生身父母，则是一个受到法律保护的基本权利。

在不同政治、经济环境下谈论同一个问题，就像用不同的价值观横切、竖切一只杨桃。即使有人一刀切出一颗星星来，也不足为奇。

我比较中道地把《富爸爸，穷爸爸》的理论再细致打开，“稳定的”投资性收入超过了工资性收入，才是“财务自由”，这条路径适合大多数职业经理人。

虽然我有着一部分符合职业经理人的履历，但是在财务自由之外，我还看到另一个维度的自由——“精神自由”。

有一种人，天赋异禀，实现财务自由不用那么费力。比如《麦田里的守望者》一书的作者，早年成名，后来隐居深山。但是他的晚景有点凄凉，死于抑郁症。所以，我会提到“吃禅茶”。“吃茶”是南方人的说法，用上海话讲，发音和“沏茶”

有点像。用到了“吃”这个词，既不像“啜”这么雅，也不像“喝”这么俗。还混着世俗的“吃”，把点心一起配上，才配得上上海曾有过被英法殖民，留下过英式下午茶和法国咖啡的精致排场。再考究点的，把日本“香道”“花道”“茶道”里的一些功夫和仪式感取一点过来，谓“禅茶”。

和师父吃茶，就着些干果，指东道西，寥寥数语，生死荣枯，人间戏剧大幕开阖。

离开中国之前，我住在郊区的一个别墅区。期间有开发商重金聘请，让我给一个规划为150万方的项目诊断，也有开发商请我去看一个钱塘江边上，阳台宽10米的顶配豪宅项目。那时候已经决定离开，没有深谈，只是几个人坐在那里“吃茶”。

写到这里的时候，又想起了太湖水星游艇俱乐部对面的钢结构别墅“天阙”。我踏进“天阙”的项目基地，是2005年2月，至今十余年，钢结构的落地玻璃被修竹掩映。当时，这里只有几栋赤裸的玻璃建筑，直面太湖是不错，有水星游艇俱乐部在边上也不错，但是做服装生意起家的女老板，在唯美主义的框架下，唯独忘记中国富豪“隐贵”和“藏富”的心理情结。

如果再把“汤臣高尔夫别墅”和“佘山十八湾”放进来说，在地产界，涉足一线江景豪宅、一线海景公寓、山地别墅、高尔夫别墅的人，本来就不多。若再从中能全身而退，淡看潮起潮落，闲看花开花谢，我真是幸运之中的大幸之人。

在小小的阳台一角，种上了多肉，在沙发边上安置好散尾葵。我怎么会是个不懂得种花弄草的人呢？除了卖掉的第一套房子我自己没住过，随后卖掉的几套房子，一套是空中复式，顺带着一盆宽大的滴水观音一起留给了新主人；另一套底楼院子里的金桂也留给了新主人；最后一套在离开中国前卖掉的房子，留下了一个给双胞胎洗澡的木质澡盆。

我好想看到那个澡盆被一代代传递下去使用，像我小时候用过的那只被磨得发亮的木澡盆一样，像AO史密斯广告中那句简单的母子间对话“你们也想洗一个世纪？”

在瓦伦西亚，听说欧洲的路面，不是为了修而铺设，每一块地砖都是立方体的。当你看到表面上60厘米×60厘米的砖块，那么，砖块的深度也是60厘米。我想起国内时居住的小区门口，被车子碾压过而松动的砖，一脚踩下去溅起许多泥浆。我每次都要提醒孩子们不要从那些松动的砖块上走过去。我也想起在江南，用瓦片立起来铺地的办法，解决了雨天积水的问题，让砖瓦的侧面高度很好地成为渗水层。

同样的智慧，国人古已有之。但是好大喜功的那些年，大干快上的GDP是人生荣枯的考量标准。这和传统上学校的评分标准一样，考试成绩作为甄别学生优劣的唯一方法，那些手工课和美术课上得好的孩子，默默退到一边，拿出短板跟人家的长板对弈。

还是在离开中国前夕，去中经堂把老板送的调理养身卡用完。和一个中医学院毕业的调理师聊天。调理师和我谈论“自由”，他对自由的解读比许多年轻人深刻，所以，一并也写在这里。

起初他跟我说在看王明阳的书。我“哦”了一声。这里我没有否认王明阳厉害，可是我作为一个作者，这时候想到的就是：王明阳又领不到版税。跟那个写书给后世看的叔本华一样，总有段时间，过得冷冷清清。我“哦”的一声里，多少有些不想展开这个话题。

年轻人没有得到我表扬他看书看得有深度，反而一点不气馁，接着说他在看《国富论》。吴晓波在众筹重译《国富论》，我不久前还在朋友圈说：“他倒是清醒，没有众筹重译《资本论》。”学中医的底子本来就比较厚，这我当然是知道的。在广州被中原地产销售部经理领着看中信某豪宅，看完我也“哦”。“哦”的一声，把每套2000万元的豪宅以及领着看豪宅的中原地产销售部经理冷在那里，我当然装不出惊艳的样子，那时候已经是2012年春天。我做“紫园”1.3亿楼王边上户均占地十亩的“佘山十八湾”

是2004年至2005年，更不用说中国首富刘永好买汤臣高尔夫别墅的时间是1999年。经手过1999年的“2100万，谢绝议价”，说曾经沧海难为水，不算信口雌黄。但是这种“哦”和“呵呵”，有时候会让求赞的玻璃心碎成一地玻璃碴子。

年轻人不是玻璃心，又有学中医的背景，所以跟我说《国富论》的时候，我不再用“哦”欺负人家。尤其我问他是谁推荐他看《国富论》的（潜台词是这么坑爹的古典经济学），他带着很深切的敬意说是一个金融行业的姐姐。我很想说，你该看看“制度经济学”和“货币银行学”，尤其是有学中医的背景，从“货币银行学”切入，比直接去啃《国富论》不知道要快多少倍，所以说这个“姐姐”坑爹我也不是信口雌黄，何况我根本没说人家坑爹，我只问他小时候家里是不是很穷？

像郭靖这样的学武底子，碰到全真七子，一个个都说他笨。到头来，是郭靖没找到合适的师父。一个想要思考人生的人，遇到学艺不精的老师，其实是挺不幸的。

所以，我们后来只把话题聚焦到了“自由”。我住在闵行别墅区，被两家开发商请去给别墅和豪宅做诊断的时候，边喝茶边聊天，我说：“心没有修炼到那种‘半亩方塘一鉴开，天光云影共徘徊’的境

地，住进别墅真是悲哀。”一个电话过来，立刻开车杀进万丈红尘。

既然这个来自农村的年轻人，先求学、次求财、再求圣，有这样的气度，不妨和他说说财务自由和精神自由。世上不存在绝对的自由，每份自由都源于自律，并伴随着责任。

最近我把凡·高和毕加索、达·芬奇和莫扎特、莫奈和王尔德、杜威和卢梭、叔本华和荣格、波伏娃和萨特翻腾出来重新梳理了一下。然后对师父说，我基本上弄明白了。师父只管沏茶，笑而不语，说以后告诉。在欧洲有老人推着手推车来传福音，也有像居委会一样的爱心邻居来问家里是不是需要帮助？穆斯林在街上来来往往，他们和印度人、中国人一样，大多以开各种小卖部维持生计，周末有穆斯林集会。

有一次穆斯林集会，女儿好奇走过去。我拦不住，又不敢大声叫她，担心这样做会不会冒犯穆斯林的祷告？在国内常看各种新闻的我，很担心这时会出现一些惊悚事件。集会正好在这个时候散了，女儿被人群淹没，我被恐惧淹没。太阳火辣辣地照耀，天蓝得不见一丝云。忽然一个头顶红色蝴蝶结的女孩牵着女儿的手走到我面前。这是一个漂亮的穆斯林女孩，有着黑白分明的大眼睛。我只有真诚地微笑表示感谢，有时候在楼道和小公园看见，我们相互点头微笑。

曾经对人类其他种群的刻板印象来自电视、电影、新闻，我笑自己，这曾是我最热衷的职业。若非亲历，无法想象，每天在四种肤色的人群里穿行，相互之间要做交易，要做同学，要做眷属，世界上最著名的四种宗教离你近在咫尺。在不同文化中行走，让我开始发现语言的如此苍白。温和而坚定的微笑永远有效，世界本来“你中有我，我中有你”。

西欧社会经历了“高熵时代”，经济发展缓慢下来的时候，你能充分感受到其环境渐渐接近于人类理想中最美好的时期。人类的知识迭代快速演进的同时，地球上的能源利用方式也在不断迭代。

地球在38亿年前生命起源的原始汤中，地球能源以化学方式通过微生物来转换，微生物中分化出能够利用太阳能获取能源的蓝藻，氧气的化学活性使一部分已经演化出生物酶的生物种群继续发展……

于是，美国职业作家奥利维亚·贾德森(Olivia Judson)把地球生命对于能源的利用方式划分出五个时代：化学能源、阳光、氧气、肉食与火（人类区别于动物使用能源的方式），写成论文《地球上生命进化的新理论》（*A Grand New Theory of Life's Evolution on Earth*）。

贾德森所说的“能量扩张”其实是一种“能源迭代”方式。在许多人谈论人工智能的时候，也在谈论未来，另一种能量代替了肉食和氧气、火和阳光，来支持这个星球“生命－行星系统分步构建”的可能性。

或者，人类此刻也认识到了能源迭代将导致的生命种群迭代，才有了重回山林和慢生活的主张。

胡适建议研究文史哲的学者，做学问要“勤、谨、和、缓”；韩寒说成名要趁早；阿德勒认为我们不需要那么多独领风骚的时刻，掌声会落下，欣赏你的观众始终会走，学会在落幕后、舞台下欣赏自己的美好，做自己的第一个观众。

头脑中的一场风暴渐渐平息，从高速旋转的状态止歇下来，喘息之余，想沉沉睡一觉。二十年的尘与土，慢慢，慢慢不再肆意飞扬。

2016.3.31

尾声

静听国王湖——什么是荷尔德林诗意？

从《无界》的选题确定至今，已经过去1500多个日夜。我揣度着自己的初稿和梗概，当初订立选题时的雄心和豪情，在这1500个日夜里浮沉。不时地，佛印把苏东坡一屁打过江的公案会从不知什么地方跳出来戏弄我一下。当年那个自以为得到的苏东坡自说自话“八风吹不动，端坐紫金莲”的踌躇满志，展卷一见“放屁”二字，便端不住了。

在这1500个日夜的心思浮沉里，房地产业界暗流翻涌。坊间各种传闻，媒体跟风炒作，一会儿是王石和郁亮从昔日最默契信任的伙伴，成了后来在商业地产发展问题上意见不合；一会儿是2014年倒春寒的日子里，毛大庆在内部讲话提及“一丝寒意”；一会儿是华润头把交椅走马换将；一会儿是华润二把手也换了人……

这个时候继续谈论“房地产策划”这样的话题还有没有意义？用文艺的说法“整个世界都快要倒下来了，我们偏偏要选择这个时候谈恋爱”。

所以，《无界》不可能重复“金牌文案”式的案例堆砌，也不能如同《阅读大地》那样随性游走，我要打破看不见的天花板。

飞机穿越云层，降落在北纬 40° 26′，西经 3° 42′。这里是马德里。

来到这个陌生而熟悉的国度，西班牙这个题材，在笔下曾经轮回重生过许多次。曾经，开发商老总拍着我的肩膀说："好好干吧，这个项目做完了，带你去西班牙考察。"可是项目一个一个做完了，我始终没有等到一次"考察"的机会。

在马德里火车站看着行李的时候，突然觉得有一丝眩晕，一直期待的旅行已经成行，我就活生生地站在这里！这次是和要好的朋友同行，没有大阵仗的迎来送往，只有自己去买票，倒车，前往下一个目的地。原乡和远方，是人们愿意耗费毕生旅程往返的两端，切断了一端，另一端就无法稳定。像割绳子游戏里垂落的重物，徒然摆动。

西班牙的天空蓝得不见一丝云彩，高速公路从黄色的地界穿过，像沙漠一样的干旱土地里，长着一丛丛的橄榄树。在这样阳光浓烈的地方，白色的墙面可以减少对日光的吸收，因而尽可能地将光热能量全然反射出去。此处根本没有机会想起“枯藤老树昏鸦”这种愁云惨雾的句子。据朋友介绍，西班牙政府考虑到环保因素，公路绝不规划在城市附近，车子开出马德里，大部分时间都是在荒原驰骋。

我回顾梳理这些年的工作经历，在版式风格不同的报告中迷了路，一直整理不出头绪来，大纲线索换了三四稿。从宁静的藏地回来，心里渐渐明白了人们苦苦寻觅的香格里拉，李白在《梦游天姥吟留别》中找到的白鹿，还有陶渊明在《桃花源》里透露的意境。如果用海德格尔的话来说，就是“人，诗意地栖居”。

2014 年春天，我和几个女友在德国巴伐利亚州的国王湖游船，船到湖心，导游示意电动船司机关掉引擎，导游开始在湖面上吹小号，雪山的山峦中传来遥远的回音。当时我心里所有的声音和画面都融合在了一起，如同一些禅修大师说的，只有听在听，看在看。

做了这些年文案、媒体、策略，也经历过许多项目的成败和悲喜，万科海港城一阵轰鸣，我忍不住吐槽，代表中国房地产第一股的多米诺骨牌开始倒下。

陈丹青先生离开清华大学的时候，上最后一课的心情，我们无法揣摩，拿了几十年画笔的手，放下的只是一个职业身份，找回的是自己。

我居住的别墅区，最大的独栋别墅门前长满了狗尾巴草，去年此时，这家院墙外面的花坛种满了一串红，分外扎眼。此刻想起周杰伦沙沙的嗓音，“荒烟蔓草的年头，就连分手都很沉默”。

这个别墅区的营销是我一个曾经的同事做的，园林也很得“佘山月湖山庄”的意境。当时园林设计总监的手法我也很熟悉，凌霄花开了，石榴红了，营销公司已经撤场了，物业管理不好不坏，水面不再像销售的时候那样打理得无懈可击，斜斜长着些杂草，也落着柳叶，这却反倒适意，觉得有了生活气息。谁家过日子的媳妇，天天打扮得和新娘子一样呢？商铺正在招租，舞蹈房里有了许多穿粉色裙子的小姑娘，我也在附近开着一间画室，所以和舞蹈房、钢琴学校的老板们也有些往来。我们深知，房地产的热度渐渐退下来，一个过度追寻物质的躯体躺下来歇息的时候，其实特别希望仰躺在草地上，看看蓝天白云，这时候，生活才有了诗意。

2015.8.24

恍如重生

有一天，在上海坐地铁。在上海坐地铁是需要心力、体力、毅力的。总之，三力齐发，从头站到底。

两个男人正在聊天，聊的什么呢？哲学——这么高深的东西，两个人就在地铁上聊开了。可见上海人才济济，多得像是随时要“噗”出来。他们谈论的观点还非常新——当代德国能出大家吗？不能。为什么呢？因为和谐、富裕、稳定。

而人是很奇怪的，越是痛苦、挣扎、混乱，越是从中寻找意义。所以，中国现在所经历的时代，反倒是能出大家。

因为地铁上时不时吵吵嚷嚷，断断续续听了几句。又因为时间隔得稍微有点久，大致记录如上。

在心理学领域，好像有个“孕妇效应”——当你自己是孕妇的时候，大街上看到孕妇的概率特别高。我当时能在吵闹环境下用耳朵收集到这些信息，是因为刚好与程十发艺术研究院的研究员以及上海教育出版社的编辑谈到过这类话题，也刚好在敬华艺术空间的几次拍卖和艺术鉴赏活动中论及“民国时期海派艺术家群像”。

从位于铜仁路南京西路口的敬华艺术空间和位于复兴西路永福路口的上海教育出版社往返我所居住的闵行区，这段路，经常成为我思考路径的叙事背景。

从都市最繁华的腹地到外环外的一条名为“放鹤路”的乡间，路过灯红

酒绿，也路过麦田。要看到群像就要看到大背景。要能梗概一种群像，就要在一些哲思闪现时捕捉。

灵魂的深度和照相机的原理相似。同样的取景与光线条件，照片品质取决于镜头能够拉到的景深。一些人把偶尔闪现的哲思成为“我的人生哲学”，一个医学和 MBA 双料学霸说，这是企业家亵渎哲学的一种方式。

哲思在自我否定和否定之否定的过程中，往往如同周伯通左右手互搏，痛苦不堪。选择做一个痛苦的哲学家还是一只快乐的猪，其实是一个伪命题。很多时候你无从选择，生命的渡口，只有那个时间，只有那一条窄巷子，你一路狂奔，夺路而逃。像李安心里的那只猛虎，被意象化成了一次漂洋过海的羁旅。

德国在两次战争的创痛中，在对军事帝国和种族清洗的过程中，逐渐反省。战后柏林极简主义建筑呈现出人们回归简洁又追求秩序的心理追求。

艺术、诗歌、哲学，在战争中曾如何纠缠，在冲突后又如何重生，如同水分子（H_2O）分解成氧气（O_2）和氢气（H_2）的化学反应一样，不可言说。你最后知道，结果就是水变成了两种气体。用化学公式来解释“尘归尘、土归土”也不失为一种很好的方式。

所谓“忧愤出诗人”。而哲学，要出离愤怒，首先得在愤怒风暴之后，恢复平静，并且从事件中抽离出本质、规律来。到这里，充其量还是“哲思的碎片”，再把碎片式的“哲思”系统化，才称为“哲学”。

打字到这里的时候，街角咖啡馆里的婴儿车上一个长得像洋娃娃一样的小姑娘醒了。婴儿车就放在我电脑前的过道上，咖啡馆在小镇教堂的侧面，天生快乐的西班牙人在高谈阔论。

在国内经常听医学院毕业的朋

友建议，孩子刚出生，不要刻意让他们在过于安静的环境下睡觉，否则习惯了，就受不起一点儿吵闹。我就很困扰，我也不希望孩子一点儿受不得惊吓，但是若不是极致安静，根本无法让他们入睡。

看惯了这些在咖啡馆里安稳睡着的孩子，我才再次意识到一个“集团潜意识”和符号学在建筑领域呈现出来的意义。

西班牙女孩，有着天生卷曲的头发，深邃的眼窝上遮着长长的睫毛。孩子醒来了，母亲把她抱在怀里，孩子睡着了，就放进手推车。孩子的安全感建立得非常好。人际交往能力也与生俱来的健康。用《罗辑思维》里的方式来说，这叫“自带系统”。

孩子来到这个世界的时候，并不懂人类语言。对语言的不敏感，刚好成全他们其他感知能力的全然投入。他们对声音敏感，他们的潜意识完全打开。让孩子们受到惊吓或者哭闹的，未必是我们所听见的巨大响声，而是对看护者的内心恐惧和焦虑的投射。

广告设计也好，程序设计也好，结构设计也好，很多时候是在不同理论框架下（有时候甚至是完全相反）练“葵花宝典”。一些艺术家、文学家在这里卡住了，生命没有继续流动下去。所以说《天才在左，疯子在右》这种书，甚至不用翻开，就秒倒一大片。在我的书架上也立着这本书，只翻看过前言和其中某一个章节。

我在这个小镇上是一个 Stranger。在英语中陌生人和奇怪是一个词，这是一个多么完美的表达。礼拜六高谈阔论的人们大声笑着，而我正是一个重生的婴儿，听不懂人类的语言。

正因为“自带系统”，又“不懂语言”，我全然地坐在咖啡馆里感受着这个“未知世界”。西班牙经历了大航海时代和工业文明建立起来的经济基础，人与人之间更多体现着一种自然而然的关系。从城市高度不断刷新纪录的上海来到经济低迷的西班牙，并不会让人觉得它更“高级”和“先进”。

这时候，更能够体会个体心理学家阿德勒所主张的，重要的不是由输赢去印证自己的向上，我们真正该拥有的是“往前”的力量。或快或慢，该往哪儿去，都是个人选择。你无须羡慕别人，别人也无法拥有你的人生。我的邻居安娜是一家餐厅的服务员，生有三个小孩，她是当地少数能讲一口流利英语的西班牙工薪阶层。阿德勒的理论在今天看来还是“理论”，当安娜和我坐在湛蓝的天空下喝着咖啡聊天的时候，她顺手写下一句话：Your life is only your life.

你需要的是前进，而不是向上爬。在对等关系里，你从来无须炫耀或证明自己，你们会尊重并理解彼此生命的独特，就像你认同自己的那样。

——阿德勒

被困在一个维度里的人，无法理解上一个维度的事情。而上一个维度的人，也无法教会他。犹如一个成人和他的孩子，明明彼此亲爱，无奈难以沟通。这是这个时代最深的悲哀之一。

2016 年，我心中回响得最多的两句话是：

“认识自己”比“知识学习”重要。

“回到源头”比“搞清真相”重要。

这是微信公众号“罗辑思维”推送的文字信息，在一篇《金钱不过是一个想象力的游戏》文章之后。

我想对罗胖说“不能再认同”。尽管，看《罗辑思维》这本书的时候，我也很想对他说，你把环保问题谈成了在一颗灰尘上打扫卫生，其实是两次偷换概念，你是自己都没想明白，嘴太快了还是欺负看书的人脑洞没你大?

我玩过几年文字游戏，玩到藏头诗就腻味透了。后来看别人玩“回文诗”，颠来倒去断句，呈现各种不同意境。我换了个牌桌，对哲学和逻辑开始感兴趣。但很快像“罗辑思维”里这种玩逻辑游戏的把戏也被我迅速看穿。我会说“我们不在一个牌桌上出牌”。

“钻石湾”的广告典型地符合远洋营销总监所说的“简单粗暴”。开盘那天，售楼处里到处是“不二价”“一口价”之类的红色条幅。但是在1999年“汤臣高尔夫别墅”开盘的时候，报纸广告上有行小字，写的是“谢绝议价”。

同样的意思，用不同的语气表达出来，既呈现不同的意境，也映衬出说话人不同的修为。当然也有秀才遇到兵的时候。但是秀才也遇到过樵夫，樵夫给秀才出对联“此木为柴山山出”，秀才对“因火成烟夕夕多”。

上联：“此”和“木”合成“柴”；“山”与“山”叠字成“出”。

下联：“因”和“火”合成“烟”；“夕”与“夕”叠字成“多”。

在《金牌文案是怎样炼成的》一书中，曾谈到“文字般若”。佛教中“般若”有：文字般若，观照般若，实相般若。

《阅读大地》是把大地当作书来读，借用余秋雨《文化苦旅》和闾丘露薇《行走中的玫瑰》，以行迹为线索，与时间相交错，把行走中的思考记录下来。

我见青山多妩媚，料青山见我亦如是，形与貌，略相似。自作多情的文人情怀在苍茫俊秀的神州大地暗洒闲抛。

《阅读大地》的销售速度远不及《金牌文案是怎样炼成的》。这可以说

是意料之中的事情。《阅读大地》谈的是“情怀”，《金牌文案是怎样炼成的》说的却是“术”，《无界》在求“道”。

圣周的假期即将结束，小镇的欢快时光伴随鼓乐和沉思潜入梦中。有一天，从教堂一路走回来，孩子们跟着人群行走，音乐、哲学、烛光、赞美诗……

1560 年，瑞士钟表匠布克在游览金字塔时，做出一个石破天惊的推断。在很长时间里，这个推断都被当成一个笑料。

然而，400 余年之后，也即 2003 年，埃及最高文物委员会宣布，通过对吉萨附近 600 处墓葬的发掘考证，金字塔是由当地具有自由身份的农民和手工业者建造的，而非希罗德在《历史》中所记载的由 30 万奴隶所建造。

埃及博物馆馆长多玛斯对布克产生了兴趣——400 年尘烟漫漫，他何以仅凭一眼，就洞见金字塔是由谁建造的?

原因是布克因为在 1536 年反对罗马教廷的刻板教规而锒铛入狱。由于他是一名钟表大师，即使在囚禁期间，他仍被安排制作钟表。在那个失去自由的地方，布克发现，无论狱方采取什么高压手段，自己无论如何都不能制造出日误差低于 1/100 秒的钟表。而在入狱之前，在自家作坊里，布克却能轻松完成。

起先，布克认为是监狱里制作钟表的环境太差，后来布克越狱逃跑，又过上了自由的生活。在更糟的环境里，布克制作钟表的能力却奇迹般地恢复了。此刻，布克才发现，真正影响钟表准确度的不是环境，而是制作钟表时的心情。

在布克的资料中，多玛斯发现了这么两段话："一个钟表匠在不满和愤懑中，要想圆满地完成制作钟表的1200道工序，是不可能的；在对抗和憎恨中，要精确地磨锉出一块钟表所需的254个零件，更是比登天还难。"

在西班牙飘满快乐因子的海滩，我以1/100秒的速度回溯孩子出生时候，受到过的惊吓，在育婴的暖箱里度过孤独时光所感受到深切的分离与痛苦。人类终其一生，都在寻找"合一"的感觉，与伴侣身体的合一，与双生火焰灵魂的合一，与自然界的天人合一。而双胞胎在混沌未开的母体宫殿，曾有过天然完美的合一。而我出生时，曾有过寻找微光的旅程。

当我和孩子们在托雷维耶哈的街道上行走，车子看到我们过街会主动停下来。我对于交通安全的深切担忧渐渐平复。孩子们也被地中海的太阳晒得越来越茁壮。关于国内热映的《疯狂动物城》，有人说人类世界不过是各种戴着面具的动物共同生活在一个动物园里。

动物园拆围墙的议政还没有落实，上海陆家嘴的"眼镜蛇建筑"图片流出。《变形金刚》说的是末世人类对能量的争夺，而金钱本身也是一种能量形式。从贝壳、铜板到黄金，再到布雷登森林体系金本位制度与美元挂钩。

我回到文前提到过那个超级傻的问题，在一颗长满了钻石的星球上，干净的水是不是比钻石更珍贵?

如果有来生，要做一棵树，站成永恒。没有悲欢的姿势，一半在尘土里安详，一半在风里飞扬；一半洒落荫凉，一半沐浴阳光。非常沉默，非常骄傲，从不依靠，从不寻找。

……

如果有来生，要做一只鸟，飞越永恒，没有迷途的苦恼。东方有火红的希望，南方有温暖的巢床，向西逐退残阳，向北唤醒芬芳。如果有来生，希望每次相遇，都能化为永恒。

——摘自三毛《如果有来生》

在追寻橄榄树的旅途中，我明白了，不喜欢在低能量状态下与人相互争夺，是我与生俱来的天命。喜欢植物能量的我，在不争、不怨、自开、自在的地方自由生长。

我是数字化时代继以文字化生存的“植物式”生存的人，在疯狂的动物城，假扮作一棵橄榄树。

在生命的不同时期，零星地阅读一些作品，直至行走在圣周欢快的游行队伍中，我深切地明白了“复活节”的意义。

在西班牙，有一种假期，叫 Puente，直译出来是“桥”的意思。而在西班牙称作“圣周”的这段时间，在两个相邻的假期之间，为了省事，就把中间的几天一起调换着放了。这种放假方法，西班牙人称为 Puente。当有人跟我说“桥假”的时候，我对这个新名词很莫名。

周末，和一个在马德里拿到心理学和文学双硕士学位的老师聊天，一直聊到深夜十二点。我说起有一次听研究生英语课程，那个时候我已经工作十年有余，考研究生英语对我来说比起刚刚考过四六级的人，难度要大很多。

但是我凭空猜想语义的能力就是比别人强。有一次听一个西班牙贵族后裔讲 Salt 和 Salary 在拉丁语系是同根词。我当时立刻想到考研究生英语时，老师说英文也和中文一样，一些生僻词，你要去感觉它，是能知道它的“好”和“坏”的。比如 god 这个词，许多带有 g 的词，就是“好的”，如 golden（金

色），good（好的），goliance（伟大的）。

当我听到介绍盐湖、盐业和薪水的这几件事情时，就瞬间产生了silver（银子）、slim（苗条的）这些美好的词汇和联想。

觉察是成长的开始，而接纳是成长的全部。在中信集团给林总提案的时候，我非常清楚地知道，“悦纳”这个词在林总的心轮上敲了一下门。

“职业生涯规划，就是让个体优势发挥到极致，而局限发挥到及格，让短板不影响长板发挥”。当看到这句话的时候，我想起去开启面试，人力资源总监看了我奇葩的履历，问我怎么做职业规划。

那时候的我，就像一个阿修罗。遇到任何有挑战的问题，立刻提剑来战。

而且，为了证明自己手中这把用西域神铁炼了十年的剑是吹毛断发的“碧血剑”，要么剑不出鞘，要么一招毙命。

接触心理学的过程，好比逐渐将堵塞在心轮和吼轮的淤血清理出来，这时候再去理解波粒二象性和能量转换在传播学领域的体现。

“夫为剑者，示之以虚，开之以利，后之以发，先之以至。愿得试之。”庄子与文王谈论剑“道”，已经在十日之后。

欧洲文学史绕不开的《十日谈》（*Decameron*），薄伽丘用了 10 个人讲了 100 个故事。

从道的层面看，鼠疫和比剑带来的更大伤害，最终都平复在茫茫的时空

大海中。我们这代人经历的“建筑年代”、功勋和美名，乃至那些彪炳千秋的建筑，也终将如楼兰一样湮灭。

许多时候，我对身边朋友自嘲，你们看起来，我那种好不了的“强迫症”就像是《致青春》里面，那个容不得建筑一丝一毫偏差的凤凰男啊！但是你去看看德国的建筑、德国的模具、德国的街道铺贴，还有德国人家里的厨房吧……那种曾经席卷全球军工大国，遗留下来的“强迫症”做派，在每一个懒散的西班牙人眼里都是多么的不可理喻。

2014 年春天，从西班牙飞往德国的航班上发生了一件小事，经常被我拿来表述两个国家文化的巨大差异。

那天，飞机降落德国机场时，西班牙机长没能把飞机停在准确的位置上，

桥梯无论如何不能对准候机厅，最后决定让乘客直接疏散到停机坪。三三两两的乘客下去之后，我和同伴们却还留在飞机上，因为临上飞机的时候，我们的行李放在了前排。

对西班牙语和德语都不懂的我们三个中国人，一脸茫然地看着乱纷纷的情况，忽然听到一句正宗的英语："What are you doing!"这不是一句问句，这是一句斥责。德国地勤厉声告诉，飞机场的地面仅作为紧急疏散，并且迅速把乘客又赶回到飞机上，有些乘客甚至已经兴奋地拍照留影。而后最终重新完成桥厢对接和停机，我们从正确的路径取走放在前排的行李，进入候机厅。我整个人都在感受两种文化的剧烈冲突，语言的功能是次要的，通过肢体语言、人流动向、面部表情等现场感受，完全可以了解当时发生的一切。

今年，来到西班牙小镇不久，女儿的皮肤发生比较严重的红肿和瘙痒。当地一个家具供应商 Rosa 带我们去看病，排队的时候，几个年纪大的妇人过来争说排队次序。可爱的 Rosa 一脸不屑地让妇人往前排。我差点笑出来，这神情似曾相识，和我是多么相似！

我笑着对 Rosa 说："I don't know what they said, but I know what happened."说英语的优越感来了，我们会心相视而笑。

在这个小镇上，我的黑头发黑眼睛，不折不扣地告诉别人，我是“外国人”，还说着别人听不懂的“鸟语”。许多老人，一辈子没有离开过小镇。这个小镇，对于华丽丽的欧洲诸国来说，就像是我在江南经过的某一个临水的村落。

我问 Rosa：“你愿不愿离开这里去远方闯荡？”她说：“不要啊，我喜欢小镇，我也喜欢阿里坎特，在这里已经有我要的一切。”

我为什么远行？我为什么把他乡当成故乡？薄伽丘的《十日谈》里，为了冲出被鼠疫围困的佛罗伦萨，十个青年男女相约远行。

人文主义首先是在中世纪反对神的权威和对人以及人性的重新定义中发展起来的。重新定义人和人性是关系到人能否顺利走出神权统治的关键。

近在眼前的享乐取代了彼岸空洞的召唤，宗教的圣殿在情欲的洪水面前轰然倒塌。

在地中海小镇，我仿佛瞥见薄伽丘主张“幸福在人间”的人文主义精神透出的光亮。这幸福，竟然是在穹顶之下，在摇曳的烛光里，在复活节的圣周中。

然而，成长的目的是让我们“更好地做自己”，而不是让我们做“更好的自己”，让我们接纳完整的自己，而非创造出一个完美的自己。

职场修炼，到了飞龙在天这个时候，就是《易经》中所说要步入亢龙有悔的里程了。但那个时候，并没有理解到这些层面。

题西林壁

宋 · 苏轼

横看成岭侧成峰，
远近高低各不同。
不识庐山真面目，
只缘身在此山中。

这种光谱的绘出，一下子把人和人的能量特性区分开来了。有些人的人生轨迹是下三轮驱动的，有些人是上三轮驱动的。

波的传播方向

与在马德里读完文学硕士的韩老师聊拉丁语系的词根、词源、词性，也说起自己这几年艰辛跋涉，从职场巅峰回到海边小镇隐居的心路历程。她像解语花一样静默在旁，或聆听，或回应，或建议。在这个处于地中海平静水湾的小镇上，隐居着各色各样的人。甚至有一些，曾经因为遭遇过黑手党的追踪，断绝与家人的联系，从此隐没在世界的一角。

小镇带有一种神奇的能量，让我能够把“中信·海港城”一套能看海的小户型海景房预定号置于不顾，随后在一周左右时间内办理完跨境置业手续。

头脑决定的速度是做战略研究的习惯，而心灵抵达的路途愁肠百结。我们相互拥抱，我也渐渐开始与西班牙人贴面打着响亮的吻道别。这让我惊奇于身体接触是那么自然而然的事情。远在加拿大的紫竹说，西方人对性不像东方人那样赋予太多的神秘，这却让人们很好地把性和身体接触视作人与人交流的一种方式。

我突然意识到，这样的环境下，虽然一定程度上产生了“艾滋病”等“副作用”，但是，罹患癌症的机会却会少很多。而罹患“艾滋病”或“癌症”，对于生命来说，哪一个更坏呢？真是说不上来。

《金匮要略》的核心就是一句话“五脏元贞通畅，人即安和”。

太想成长的人，往往会批判自己，这样就会适得其反。当你自我批判时，看到批判，接纳自我，同时看到这批判背后的珍贵提醒，为内心赢得可贵的和平时间，唯有内心安宁的人，才可能获得真正的自我成长。

中国人喜欢评判别人，这种批判和相互贬低，在家庭“控制剧”中反复上演。而女性由于几千年来受传统观念的影响，在那个场域之下，无论多么优秀都会迷失。尤其是当一对一的相互指责时，性别上的“劣势”，会在你分明理直气壮的时候突然跳出一个声音来自问：他也许是对的，我太强势，我是女人。

在无论多么强大的外敌面前，最后是守城还是投诚，往往取决于刹那之间的一念。

你的直觉是你人生唯一的导师，你的本性是你人生唯一的真正伴侣，你的生活是你唯一的真理。

当内心的明觉如初日升起，你已经不再需要借助太多语言来获取人们的同情或者信任，喜欢或者帮助。你内心的光亮如炬，你可以像游戏一样穿行在各个不同领域，毕竟互联网为我们填平许多知沟，打开许多行业壁垒，疏通很多信息管道。

行香子·过七里濑

宋·苏轼

一叶舟清，双桨惊鸿。水天清，影湛波平。鱼鳞藻鉴，鹭点烟汀。过沙溪急，霜溪冷，月溪明。

重重似画，曲曲如屏。算当年，虚老严陵。君臣一梦，古今空名。但远山长，云山乱，晓山青。

每次车子开过绯红的盐湖，火烈鸟在盐湖中啄食，想起苏轼这首词，那捡尽寒枝而未栖的惊鸿，已经一行行落下。

智者以心能所传递的波，穿越了时空。有时候飘浮在空中，有时候沉淀成文字。在最冷的黑暗时日，我以一个写字者的本能，燃字取暖，照亮自己的心房。在灵魂的渡口，每一个充满神秘力量的文字，铁画银钩，勾画重重拓扑空间，轻载灵魂，引渡彼岸。

生命的轻与重，承受与臣服，都散作微尘，徜徉在山河大地之间。

琴诗

宋 · 苏轼

若言琴上有琴声，放在匣中何不鸣？
若言声在指头上，何不于君指上听？

对话封面设计师

在许多看似“无解”的悖论中寻求“无界”的出口，是场“诛心之战”。战士和战场都在心里。妄境也在那里——妄心破，妄境除。这时候，才是真心真境。没有这层历练，会把上面的文字看成文字游戏。但，我早已不在“文字游戏”的文案时代，为了工整押韵或排版好看而写。

《无界》是“地产三部曲”的终章，这个关于职场和名利的执念画成圆。关于“我”的种种荣耀或是低垂，都应放下。

然后，真正地，活在当下。

《阅读大地》出版时，用了一个词 Gap Year。《无界》让我一度很难完成，因为思考的面太宽广了。

但当“Turning point”跳进眼帘的时候，我突然有了灵感。

以前，并不知道什么是灵感，也不知道它从哪儿冒出来，现在我感觉到，这是长期思索的状态与一个外在刺激词、句子、图片瞬间起的化学反应。如果在佛教语境之下，我想可以用一个词——顿悟。

这本书的封面设计师是我多年的工作伙伴，水墨晕开的墨迹，有点像一部黑白默片的独立电影。

如果你掉进了黑暗里，你能做的，不过是静心等待，直到你的双眼适应黑暗。

——村上春树

追记

温柔的坚守　阳光下绽放

我最近看了一些经济学领域的文章，并不是想要挑战权威，只是在翻到资料时，看了几遍，发现经济学的中长期预测，有很多地方是不符合人类发展方向的。

从人类学视角来看，环境因素实在是太重要了。毕竟，健康才是生命之本。

在我写《无界》的时候，还在为自己的品牌运营及销售业绩得意，或者说，为公司内部的人我是非不平。

现在，我的心境已有很大不同，比如人与人的关系好坏，你对我好，他对我不好，这是很浅的一个感受。

如果环境资源和公共资源充沛，人类是愿意趋向于合作的。这是由人类的共同利益来驱动的。也就是总书记所说的“利益共同体”。

我在西班牙，刚刚度过“三八”妇女节。那天我还在工作，路过教堂前的小广场，看到很多女性在集会，她们不是在抗议和控诉，而是唱歌和跳舞。她们表达的是一种很正能量的态度：我是女孩，我自重自爱，美丽是我的权力。

警察就在附近，帮助她们维护秩序，保护女性的美丽和美好，就像园丁保护一朵开放的花朵，提示人们不要践踏采摘。这种在阳光下为女性、女孩、女童提出保护的方式真是让人感动。

我们中国人太喜欢“神”，而不喜欢人。“三八”妇女节，这个我们早已习惯了的叫法，这几年也被重新包装过了。也许“妇女”两个字的联想太平庸，现在大家就说“女神”。而事实上，我作为在一线城市生儿育女又兼顾工作的女性，每天都在不停地奔波操劳，有时候，孩子病了，作为母亲，我带着深深的焦虑与自责无法入睡，哪里会有“女神”的感觉?

我想，人到中年，节制而平和地走出“神”的光圈，走出光怪陆离的梦境，还有，最重要的是，走出对往昔峥嵘岁月的无尽留恋，敢于平淡，做个生活着的普通女人。

生儿育女，尽母亲的本分养育孩子，教导他们，启发他们，守护他们，不必他或她非要是什么宇宙无敌学霸，不必为了自己的荣耀苛求他们。尤其是让女儿长成邻家温婉的女孩，自由绽放，不艾不怨。这也许就是女人在充满动物性竞争的世界上，选择了植物化生存的一种生活美学。

“没有敌意的坚决，不含诱惑的深情”，当我和我孩子们的班主任说起这个句子时，她说，用这样的方式来表述教育，并且坚守教师的职责，真是太好了。

吴鸿雁

2019.3.9 于西班牙托雷维耶哈

图书在版编目（CIP）数据

无界 / 吴鸿雁著.--上海：同济大学出版社，2018.12

ISBN 978-7-5608-7187-5

Ⅰ.①无… Ⅱ.①吴… Ⅲ.①市场营销学 Ⅳ.①F713.50

中国版本图书馆CIP数据核字（2017）第167530号

无界

吴鸿雁 著

责任编辑 陈佳蔚　责任校对 徐逢乔　封面设计 潘向蓁
出版发行 同济大学出版社 www.tongjipress.com.cn
(地址：上海市四平路 1239 号　邮编：200092　电话：021-65985622)
经　销 全国各地新华书店
印　刷 江苏凤凰数码印务有限公司
开　本 710×960mm　1/16
印　张 16.25
字　数 325 000
版　次 2018 年 12 月第 1 版　2018 年 12 月第 1 次印刷
书　号 ISBN 978-7-5608-7187-5

定　价 58.00 元